조선시대
한글 글꼴의
형성과 변천

조선시대
한글 글꼴의
형성과 변천

이 규 복 지음

이서원

차 례

들어가며

솔직히 말하면 이 책은 전혀 예상하지도, 계획하지도 않은 책이다.

20여 년 전 한국 서예사를 강의하면서 몇 시간을 할애해 한글 서예사 대강의 줄거리와 요점만을 정리해 학생들에게 강의했었다. 정규 수업에 편성되지 않아서 자세히는 알려주지 못하지만 반드시 알고는 있어야 한다고 강조하며 수업했던 기억이 아직 남아있다. 그리고 그 이후로는 삶의 전선에서 살아남느라 이를 까마득히 잊어버리고 있었다.

20년이란 시간이 지난 후 아직도 삶의 전선에서 패하지도 승리하지도 못한 채 그저 살아남은 것에만 감사한 상황에서 우연찮게 한글 서예사를 다시 들여다 볼 기회가 생겼다. 그것도 다른 책을 의뢰받아 그 원고에 필요한 내용을 조사하는 과정에서 생겨난 기회였다.

그리고 얼마 지나지 않아 이 뜻밖의 일이 점점 불어나기 시작하더니 걷잡을 수 없이 커져버려 옴짝달싹 못하게 되었다. 한글 관련 연구물을 조사하는 과정에서 한글 서예사와 관련된 매우 중요한 내용이 꽤나 오랜 전부터 발표되었음에도 불구하고 서예계에서는 이 부분에 대한 연구 결과물을 찾아볼 수 없었기 때문이었다. 논의와 연구를 못한 것인지 아니면 안한 것인지, 그것도 아니면 아예 이를 모르는 상황인

건지는 지금도 알 수 없다. 아마도 한글 서예를 연구하는 연구자가 드문 것도 이유일지 모르겠다.

이 이후로 머릿속은 극도로 복잡해지고 혼란에 빠지게 되었다. 의뢰받은 책의 원고가 급하니 일단 덮어 놓자는 현실적 생각과 후일에는 바쁘다는 핑계로 분명 잊고 그냥 지나갈 것이라는 생각이 서로 교차하며 갈등과 혼란을 부추겼다. 결국 몇날 며칠을 고민한 끝에 결론을 내릴 수 있었다.

이렇게 예정도 계획도 없이 얼떨결에 쓰기 시작한 원고가 지금의 책이 되었다.

이 책의 내용과 주장하는 바는 기존 한글 서예계를 대표하는 여러 학자들의 의견과 많이 다르다. 궁체의 정의 또한 기존의 학설과 다르다.

이 책에서 처음으로 논(論)하고 있는 관료 서체 형성 및 흐름에 대한 이론 정립 부분은 기존의 연구에서는 찾아 볼 수 없었던 내용이다. 특히 관료가 서사한 관료서체와 궁체 정자, 궁체 흘림으로 세분화 하여 연구를 진행한 예는 거의 없다고 해도 무방하다. 이러한 이유로 서예계에서는 지금까지 관료서체와 관련된 문헌이 나오게 되면 살짝 언급만 하고 지나가거나 아니면 어물쩍 넘어가는 일이 잦았다. 그러다 보니 당연히 한글 서예사에 있어 일정 부분 공백이 생겨날 수밖에 없었으며, 현재까지도 이 부분은 텅 빈 상태로 그대로 남아 있다. 그래서 이 공백 부분을 조금이라도 메워보고 또 해답을 도출해 내고자 시도한 것이 바로 관료 서체에 대한 이론적 정립이다.

또한 본문에서 주요하게 다루고 있는 『천의소감언해』는 이 공백을 메우는데 매우 중요한 역할을 담당한다. 『천의소감찬수청의궤』에 『천의소감언해』를 서사한 4명의 관료가 처음으로 정확하게 기록되어 있기 때문이다. 이를 통해 관료서체의 형성과 흐름뿐만 아니라 관료가 서사한 궁체에 대해서도 파악할 수 있으며, 의문으로 남았던 많은 부분을 해소할 수 있도록 도움을 주었다.

마지막으로 관료 서체에 대한 이론이 정립 되면서 궁체의 정의도 기존의 학설이 아닌 새로운 시각과 관점에서 정의를 새롭게 내릴 수 있었다.

한글을 사랑하고 궁체를 사랑한다지만.

책을 쓰기로 결정한 후 가장 먼저 진행한 일은 한글 궁체의 각 부분마다 명칭을 정하는 일이었다. 각 단체며 개인이며 할 것 없이 특정 날들만 되면 한글을 사랑하고, 궁체를 사랑한다고 열심히 말하고 떠들지만 정작 현실은 그와 반대다. 현실에서는 궁체의 독특한 획들에 맞춰 부를 수 있는 이름(명칭)이 하나도 없다. 이름조차 없으니 한자 서예에서 맞지도 않는 용어들을 불러와 사용하는 현상도 생긴다. 아니 은근히 이를 더 즐기는 것처럼도 보인다.

궁체의 각 획에 알맞은 명칭을 정하기 전 여러 선생님들과 한글을 전공하는 동료, 후배들에게 의견을 구하는 과정에서 느낀 바가 많았다. 이에 조금 더 빠른 방법을 선택했고 주위의 응원에 힘입어 명칭을 정하기에 이르렀다. 이렇게 명칭을 정하고 보니 원고를 쓰기가 한결 수월해 졌다. 복잡하게 길게 늘려 써야만 됐던 한글 부분에 대한 설명이 한층 간결해지고 명료해졌다.

현재까지는 기본 획에 한정되어 있는 명칭이지만 아직도 이름을 가지지 못한 획들이 생각보다 많다. 이들의 명칭은 이제 많은 사람들이 관심을 갖고 참여를 통해 지어지기를 희망한다. 말로만 하는 한글 사랑, 궁체 사랑 보다는 이름조차 없는 현실을 깨닫고 모두가 행동으로 보여주고 책임질 수 있을 때 진정한 한글 사랑이라 생각한다.

2020. 5.

이 규 복

1부

한글 글꼴의 탄생,
그리고
혁신적 변화

1. 용어의 정립

　한자 서예 용어 중 영자팔법(永字八法)이란 것이 있다. 영(永)자를 이루고 있는 하나의 점과 일곱 가지 획의 특징에 맞춰 각각의 명칭을 정해 놓은 것으로, 서예계에서는 오랜 기간 동안 변함없이 이 명칭을 사용해 왔다.

　점획의 명칭이 존재한다는 것은 여러 장점을 가지고 있다. 예를 들어 누군가에게 어떠한 특정 획을 설명해야 할 때 해당 부분의 명칭을 불러 설명하면 듣는 이에게 보다 빠르게 전달하고 쉽게 이해시킬 수 있다. 글로 표현할 때도 마찬가지다. 단순하고 직관적이며 편리하다. 이렇듯 점획을 지칭하는 명칭의 존재는 교육이나 학술 등 여러 방면에 있어 다양한 이점을 가지고 있다.

　하지만 한글 서예의 경우 지금까지 점과 획의 각 부분을 지칭하는 고유(固有) 명칭이 없다. 일제 강점기 이후 현재까지 많은 시간이 흐르고 한글 서예 인구가 폭발적으로 늘었지만 이에 대해 고민한 흔적이나 노력한 흔적 또한 찾아볼 수 없다. 이러한 현상은 여전히 현재 진행형이다.

　타이포그라피의 경우 근래 들어 구성원 모두의 합심으로 한글의 세부 명칭을 정한 후 이를 사용하고 있음을 볼 수 있다. 글씨를 쓰는 입장에서 보면 한편으로 부럽기도 하지만 그 용어를 한글 쓰기, 특히 궁체에 그대로 적용시키기에는 몇몇 명칭을 제외하고는 사용에 무리가 따르며 부적합한 경우가 많이 있다.

한편 한글 서예계 일각에서 한자 서예의 명칭과 용어를 그대로 쓰고자 하는 움직임도 있으나 한글만이 가지고 있는 고유한 형태의 획과는 서로 맞지 않아 오히려 혼란을 가중시킬 수 있다. 아울러 한글의 독자성을 포기하고 한자 서예에 종속되는 듯한 부정적인 결과를 초래할 수 있음도 무시할 수 없다.

이에 한글 쓰기의 표준 서체라 할 수 있는 궁체를 바탕으로 점과 획의 각 부 명칭을 새로이 정립해 보고자 한다. 이를 통해 한글 쓰기와 연구에 일말의 보탬이라도 되기를 기대해 본다.

*이 명칭의 정립 기준이 되는 서체는 현대 궁체이며, 점과 획의 형태와 위치에 따라 명칭을 정하였다. 또한 타이포그라피에서 정한 한글 각 부의 명칭 중에서 수용할 수 있는 부분에 대해서는 그대로 수용했음을 밝힌다. 그리고 어쩔 수 없는 경우를 제외하고는 한글 명칭을 최우선으로 하였다. 한글 명칭을 정하는데 굳이 한자나 영어를 일부러 쓸 이유는 없기 때문이다.

〈 궁체의 각부 명칭 〉

2. 한글 창제 초기 글꼴의 변모 양상

가. 훈민정음(訓民正音) 해례본(解例本) 글꼴

1443년 한글 창제이후 가장 처음 선보인 한글 글꼴은 1446년에 제 작된 『훈민정음 해례본』(이하 해례본)에 나온 글꼴이다. 이는 누구나 다 주지하고 있는 사실로 새삼스러울 것도 없다. 다만 해례본의 글꼴 은 서체라기보다는 각각의 직선과 사선, 원 등으로 이루어진 기하학 적 모양을 모아쓰는 방식으로 도안(레터링)된 자체(字體)에 가깝다고 할 수 있다.

해례본의 글꼴은 기본적으로 정방형의 형태를 가지고 있으며, 가 로와 세로획은 일정한 굵기의 형태로 수평과 수직을 이루고 있다. 점 은 둥그런 원 모양을 하고 있으며 점과 'ㅇ' 외에 곡선은 존재하지 않 는다.

특히 중성 'ㅡ'와 'ㅣ'는 특별한 경우를 제외하고는 초성의 크기보다 길게 처리되어 있다. 그리고 초, 중, 종성의 획들이 기본적으로 서로 접하지 않도록 노력하고 있는 특이점을 볼 수 있다. 인쇄본이라는 특 성을 감안하더라도 획과 획, 점과 획 사이에 공간을 두려 노력하고 있 으며 불가피하게 접할 경우 최소한으로 접하도록 하고 있다. 결국 이 와 같은 치밀한 계산에 따른 점획의 공간처리와 배분은 각각의 획들이 서로 간섭받지 않고 각자 도드라지게 보이는 효과가 나타나도록 계획 적으로 설계되었음을 의미한다.

〈 중성 'ㅡ', 'ㅣ' 의 크기와 획 사이의 공간형성 〉

한편 각각의 자소가 모여 하나의 글자를 완성할 때는 초, 중, 종성이 위치한 곳에서 각자 가질 수 있는 공간을 최대한 활용하고 있으며, 중성 'ㅣ'가 보이지 않는 가상의 정방형 오른쪽 마지막 선에 정렬한다면 중성 'ㅏ'와 'ㅑ'가 올 경우 'ㅣ'선보다 약간 안쪽(왼쪽)으로 들어가 위치한다. 이러한 구성법에 따라 정방형을 기본으로 하는 글꼴이 형성되며 글자의 무게중심이 자연스럽게 중앙에 위치한다. 이는 처음부터 철저한 계획과 설계에 따라 만들어진 글꼴이라고 할 수 있다.

〈 'ㅏ', 'ㅑ'의 위치 〉

나. 글꼴의 1차 변화

『훈민정음 해례본』이 만들어진 이듬해인 1447년에 글꼴의 1차 변화가 일어난다. 불과 1년 만에『용비어천가(龍飛御天歌)』,『석보상절(釋譜詳節)』,『월인천강지곡(月印千江之曲)』에서 중성 'ㅓ, ㅏ, ㅑ, ㅗ, ㅜ, ㅠ'의 원점들이 네모나고 각진 형태로 바뀌게 된 것이다. 즉 동그랗게 그리는 원형의 점에서 긋는 획으로의 형태 변화가 일어난 것으로, 이 변화에 대해 정우영은 두 가지 이유를 들고 있다.

중성의 자형을 원점(·)에서 짧은 획으로 변경한 주된 이유로 두 가지를 지적할 수 있다. ①서사적인 측면에서 중성의 초출자 및 재출자, 그리고 2자, 3자 중성 상합자에서 天(·)에 해당하는 원점(·)을 서사하기가 쉽지 않다는 점. ②비록 어렵게 원형을 유지했다고 하더라도 해례본에서 제시한 'ㅐ, ㅒ, ㅙ'자의 경우처럼 'ㅏ, ㅑ, ㅘ'와 그 뒤에 오는 'ㅣ'의 중간에 '원점(·)'의 크기의 2배 이상 공간을 확보하여 안배하여야 하나, 음절합자를 할 경우에는 그것이 어렵고, 시각적으로도 변별력이 크지 않다는 점 등이 '·'를 획으로 변경한 주요 원인으로 작용했을 것이다.[1]

이 주장은 서사의 측면에서 보면 상당한 타당성을 지니고 있다고

1 　정우영, 「『월인천강지곡』의 국어사적 가치와 문헌적 성격에 대한 재조명」, 『장서각32』, 한국학중앙연구원, 2014, p.18.

본다. 붓으로 정확한 원을 그리기에는 시간과 노력이 많이 필요했을 것이기 때문이다. 실제로 정원(正圓)을 그리는데 들어가는 시간은 서사자에 따라 다르겠지만 일반 획을 그을 때의 두 배 이상의 시간과 집중력이 소요된다. 따라서 그리는 점에서 긋는 획으로 변화를 준 것은 이런 불필요한 점을 해결한 것이며, 아울러 본래의 음가를 그대로 인식시킬 수 있는 성공적인 방법을 찾아낸 셈이라 할 수 있다. 즉 서사의 입장에서 보면 『용비어천가(龍飛御天歌)』, 『석보상절(釋譜詳節)』, 『월인천강지곡(月印千江之曲)』에서 점을 획으로 처리한 것은 한글 글꼴의 실용화에 따른 불편함을 해소하는 차원에서 해결책을 마련한 것이다.

이렇게 한글 글꼴의 1차 변화가 일어난 이후 1448년에 간행되어 나온 『동국정운(東國正韻)』은 앞선 간행본들과 달리 해례본의 자형을 그대로 따르고 있다. 『동국정운』 자체가 한글의 표기 음을 규정하고자 만든 운서(韻書)라는 점에서 해례본과 같은 자형과 표기 원칙을 지키고 있었을 것으로 추측 할 수 있다.

용비어천가1447	월인천강지곡1447	석보상절1447	동국정운1448

다. 글꼴의 2차 변화
– 홍무정운역훈(洪武正韻譯訓) – 한글 글꼴의 혁신

글꼴의 1차 변화 이후 불과 8년 만에 한글 글꼴의 혁신이라고 부를 수 있을 만큼 중차대한 변화가 다시 일어난다. 『홍무정운역훈(洪武正韻譯訓)』[2]에 나타나는 글꼴이 바로 그 변화의 주인공이다. 1455년에 목활자로 간행된 『홍무정운역훈』의 글꼴은 그 이전의 굵기 변화 없이 직선과 사선으로 도안 된 형태의 글꼴에서 탈피하여 직선과 곡선이 어우러진 붓으로 쓴 서체의 모양을 갖춘 글꼴로 일대 혁신을 이루었다.

방점의 형태는 원형의 점에서 붓으로 눌러 만들어내는 삼각형 모양의 점으로 변화했으며, 가로획 '一'모음에서는 '들머리'와 '맺음'이, 세로획 'ㅣ'모음에서는 '돋을머리'와 '왼뺄음'이 나타난다. 그리고 모음 'ㅠ'의 두 번째 획에서 45도 각도를 이루며 좌하향 방향으로 곡선을 그리며 내려오는 '삐침'을 보여준다. 이는 오늘날의 궁체에서 볼 수 있는 형태와 같다.

한편 『홍무정운역훈』에서는 자음 'ㅈ, ㅉ'의 첫 번째, 두 번째 획을 나누어 쓰지 않고 한 번에 연결해서 쓰는 형태도 볼 수도 있다. 이렇게 획을 한 번에 연결해서 쓰는 방식은 글자를 흘려 쓸 때 사용하는 쓰기 방법으로, 당시에 이미 한글 흘림이 사용되고 있었음을 추정할 수

---

2   홍무정운의 편찬경위에 대해 박병채는 「홍문정운역훈 해제」에서 세종26년(1444) 2월에 착수, 문종 원년(1451) 원고완료 및 원고정리, 중가수교(重加讎校), 단종 3년(1455) 중춘(仲春) 간행으로 설명하고 있다.(박병채, 「홍문정운역훈 해제」, 『홍문정운역훈』, 고려대학교 출판국 영인본, 1973, p.416.)

있다. 또한 한글을 사용하던 계층에서 당시 필기도구였던 붓을 사용한 쓰기법이 어느 정도 실용화 되어 있었음을 의미하기도 한다.

『홍무정운역훈』글꼴의 변화들 중에서 가장 중요한 변화를 꼽는다면 역시 'ㅣ' 모음의 변화를 꼽을 수 있다. 'ㅣ'모음은 앞서 살펴봤듯이 그 형태가 오늘날의 궁체와 같다고 해도 무방할 정도의 변화를 보인다. 뿐만 아니라 'ㅣ' 모음의 길이 또한 이전과 달리 길어지는 양상을 보이고 있다.

'ㅣ' 모음의 길이 변화는 그 자체만으로도 글자의 무게중심을 이동시킬 수 있을 정도로 글꼴에 미치는 영향이 매우 크다. 또 'ㅣ' 모음이 길어진다는 것은 글자의 구조와 무게중심의 이동 뿐 아니라 한글 글꼴과 서체의 변천에 있어서도 중요한 변화가 일어날 것이라는 점을 암시한다. 궁체가 'ㅣ' 모음의 길이가 늘어나면서 자연스럽게 글자의 무게중심이 오른쪽으로 이동하고 그렇게 이동한 무게중심에 따라 'ㅣ'축을 중심으로 일렬로 줄을 맞추는 특징으로 발전하게 되었음을 볼 때,『홍무정운역훈』에서 나타나는 'ㅣ'모음의 길이 변화는 앞으로의 한글 변모 양상의 방향을 알려 주는 것이라 하겠다.

이렇게『홍무정운역훈』의 글꼴과 점획에서 혁신적인 변화가 일어났지만 종성 'ㄱ,ㄴ,ㄷ,ㅁ,ㅂ'이 각각 그들에게 주어진 방형의 공간을 모두 사용하고 있어 전체적으로 봐서는 정방형의 형태를 띠고 있다고 말할 수 있다. 이것은 음운체계에 따른 공간배분이 아직 조형체계로의 공간배분으로 완전히 이어지지 않았음을 보여준다.³ 그렇다 하더라도 『홍무정운역훈』에서 보이는 초성의 크기가 이전과 달리 작아진 모습을 보이는 것과 음운체계의 공간배분이 대부분 종성에만 해당하고 있음을 볼 때, 글꼴의 혁신적인 변화라는 커다란 흐름에는 크게 영향을 미친다고 볼 수는 없을 것이다.

　이와 같이 이전시대의 글꼴에서 볼 수 없었던 점획의 여러 혁신적인 변화와 형태들을 봤을 때 궁체의 단초를 『홍무정운역훈』의 글꼴에서 찾을 수 있으며, 또한 궁체로의 변화를 꾀하고자하는 변모 양상에 있어서도 마찬가지로 『홍무정운역훈』의 글꼴이 중요한 단서를 제공한다고 하겠다. 이는 글꼴 변천에 있어 『홍무정운역훈』의 글꼴이 가지는 역할과 의의를 다시금 되새겨 보게 한다.

3　한글이 만들어진 초기에는 초성, 중성, 종성 모아쓰기의 원리에 비중을 두어 초, 중, 종성의 공간을 각각 일정하게 배분하였다. 이를 '음운체계에 따른 공간배분'이라고도 한다. 이 경우 받침인 초성과 종성이 지나치게 커지는 결과를 초래하므로 글자의 결구가 조화롭지 못하다는 인상을 준다. 이런 공간의 배분은 조선 중후기를 지나며 초성, 중성, 종성의 크기와 공간에 따라 이를 적절하게 조절하여 알맞은 크기로 맞추게 된다. 이를 '조형체계에 따른 공간배분'이라고도 한다. 「홍무정운역훈」에서는 음운체계에 따른 공간배분에서 조형체계에 따른 공간배분으로의 변화과정을 거치는 과도기에 있음을 알 수 있다.

<홍무정운역훈 글꼴과 치두음, 정치음의 글꼴 [4] 예>

거	·너	·뗘	러	와
커	·끼	·릭	틱	킥
변	쿤	푼	훈	견
뭔	·낌	님	납	갑
꿍	융	힝	핑	휑
찜	찡	쟝	쭹	쏀
치두음 (齒頭音)	정치음 (正齒音)	치두음 (齒頭音)	정치음 (正齒音)	치두음 (齒頭音)

---

4 『훈민정음언해본』에서 중국음의 잇소리[齒聲]는 치두음(齒頭音)과 정치음(正齒音)의 구별이 있다고 하고 있으며, 치두음은 혀끝이 윗니머리(끝)에 닿는다고 하고 있다. 또 정치음은 혀끝이 아랫니에 닿는다고 하고 있다. 'ㅅ'의 첫 획이 길면 치두음, 짧으면 정치음으로, 『홍무정운역훈』에서 나오는 'ㅅ', 'ㅈ', 'ㅆ', 'ㅉ'의 자형은 외래어 표기법이라 할 수 있다.

– 월인석보(月印釋譜) – 당대 한글 글꼴의 집대성

『홍무정운역훈』이 간행되고 4년 후인 1459년『월인석보(月印釋譜)』가 간행된다.『월인석보』는 세종이 지은「월인천강지곡」과 세조가 지은「석보상절」을 합편한 책으로 1권 권두에「훈민정음언해본」이 같이 실려 있다. 여기에서는 원간본이라 불리는 서강대학교 소장본『월인석보』권 1,2를 중심으로 살펴보도록 하겠다.[5]

『월인석보』권 1,2는 크게 권두의「훈민정음언해본」[6]과「석보상절서(序)」,「어제월인석보서(序)」,「월인천강지곡」네 부분으로 나눌 수 있다. 이들의 한글 글꼴 크기를 살펴보면「훈민정음언해본」과「석보상절서」는 본문의 큰 글자와 세부설명을 하고 있는 협주의 작은 글자로 나눌 수 있다.[7]

「어제월인석보서」의 경우「훈민정음언해본」과「석보상절서」와 달리 본문에서 한 칸 내려쓰는 본문 글자가 큰 글자가 되며 협주가 중간 글자가 된다. 그리고 한자음을 표기하는 글자가 협주보다 작기 때문에 작은 글자가 된다. 이 작은 글자는 세로로 긴 자형의 협주와 달리 가로

---

5 1459년(세조5)에 간행된 『월인석보』 원간본은 서강대학교에 소장되어 있으며, 1568년(선조1) 희방사(喜方寺)본(중간본)도 전한다. 글꼴의 분석은 『월인석보』 권 1,2만으로 한정하였으며, 1972년 서강대학교 인문과학연구소에서 출간한 영인본으로 진행하였다.

6 「훈민정음언해본」의 권두서명이 있는 부분, 즉 첫 행부터 네 번째 행까지의 글꼴이 뒤에 나오는 글꼴과 확연한 차이를 보인다. 학자들은 이 부분에 주목하여 이전판본이 존재하였고 이를 다시 첫 장 권두서명을 바꾸면서 개변한 것으로 보고 있다.

7 한자음을 표기하는 글자의 크기는 협주의 크기와 같다.

로 넓은 형태를 띠고 있다.

「월인천강지곡」은 큰 글자와 본문에서 한 칸 내려쓰는 중간글자, 그리고 세부설명을 하고 있는 협주의 작은 글자로 나누어진다. 만약 이 「월인천강지곡」을 기준으로 한다면 「훈민정음언해본」과 「석보상절서」, 「어제월인석보서」의 큰 글자는 모두 중간 글자가 되는 셈이다. 「월인천강지곡」의 중간 글자가 「훈민정음언해본」과 「석보상절서」, 「어제월인석보서」의 큰 글자와 크기가 같기 때문이다.

글꼴은 합편된 각각의 내용에 따라 차이를 보이고 있는데, ①「훈민정음언해본」과 「석보상절서」 그리고 ②「어제월인석보서」와 ③「월인천강지곡」 세 부류로 나눌 수 있다. 이를 다시 획의 사용법에 따라 나누어 살펴보면 가로획과 세로획의 첫 시작부분에 들머리와 돋을머리가 있는 것(①)과 없는 것(②), 혼재되어 있는 것(③)으로 구별할 수 있다. 혼재되어 있는 부분 또한 「월인천강지곡」의 큰 글자, 중간 글자, 작은 글자 모두에 해당하는데, 책 내용 중간 중간에 나타나고 있다. 하지만 「월인천강지곡」을 전체적으로 봤을 때는 돋을머리가 있는 글꼴이 대부분을 차지하고 있다.

이처럼 『월인석보』는 글꼴의 종류를 다양하게 사용하고 있어 복잡하다고까지 느낄 수 있다. 하지만 기본적으로는 합편되어 있는 각각의 내용을 보다 명확하게 구별하기 위해서 글자의 크기와 꼴을 편별로 다르게 쓴 것으로 추측할 수 있다. 한편 'ㅣ'모음에서 돋을머리가 있는 부분과 없는 부분이 혼재되어 사용된 것은 판본의 수정이나 서사자의 교체 과정에서 비롯되지 않았을까 하는 생각이다.

그러면 이제 글꼴에 대해 조금 더 자세히 살펴보도록 한다. 먼저 「훈민정음언해본」과 「석보상절서」의 글꼴은 앞서 살펴본 『홍무정운

훈민정음언해본 큰 글자

노	니	로	야	여

훈민정음언해본 작은 글자(협주)

들	라	뻔	실	에

석보상절서 큰 글자

과	그	내	몰	하

석보상절서 작은 글자(협주)

라	란	미	쓸	혜

어제월인석보서 큰 글자

졋	마	업	트	ㅎ

어제월인석보서 작은 글자(협주)

경	라	른	심	윤

어제월인석보서 작은 글자(한자음 표기 글자)

땀	윈	쩍	콱	힌

월인천강지곡 큰 글자

| 나 | 더 | 세 | 실 | 업 |

월인천강지곡 중간 글자

| 거 | 나 | 논 | 빌 | 쳐 |

월인천강지곡 작은 글자

| 광 | 라 | 발 | 뿛 | 텨 |

월인천강지곡 돋을머리 없는 큰 글자

| 관 | 나 | 님 | 며 | 시 |

월인천강지곡 돋을머리 없는 중간 글자

| 기 | 랏 | 뫼 | 이 | 셔 |

월인천강지곡 돋을머리 없는 작은 글자

| 거 | 닐 | 라 | 일 | 잇 |

역훈』의 글꼴과 흡사하다고 할 정도로 닮아 있다. 하지만 『홍무정운 역훈』의 글꼴과 차이를 보이고 있기도 한데 이 중 몇 가지를 살펴보면 다음과 같다. 먼저 「훈민정음언해본」과 「석보상절서」의 글꼴이 『홍무

정훈역훈』 글꼴보다 질서가 정연하고 전체적으로 안정화 되어 있음을 볼 수 있다. 이유를 추측해 보면 한글 낱자로 되어 있는『홍무정운역훈』과 달리「훈민정음언해본」과「석보상절서」는 긴 문장으로 서사되어야만 했으므로 문장 서술에 따른 글꼴의 통일성과 체계화, 안정화가 더 필요 했을 것이라 생각한다. 또 하나「훈민정음언해본」과「석보상절서」의 큰 글자가『홍무정훈역훈』 보다 가로로 긴 장방형의 형태를 띠고 있다.「훈민정음언해본」과「석보상절서」의 글꼴 구조는 기본적으로 정방형을 기준으로 설계된 것으로 보인다. 그런데 초성의 크기가『홍무정운역훈』의 초성보다 가로로 긴 형태를 보이고 있어 이 당시 음운체계의 공간배분이 아직까지도 영향을 주고 있음을 볼 수 있다.

「훈민정음언해본」과「석보상절서」 글꼴에 나오는 큰 글자와 작은 글자들에서 공통적으로 나타나는 특징은 가로획과 세로획에 있다. 이들 모두 가로획에서 들머리와 맺음을, 세로획에서는 돋을머리와 왼뽑음을 사용하고 있음을 볼 수 있다. 글자의 결구법과 전체적인 형태도 서로 쌍둥이 서체라 해도 무방할 정도로 비슷하며 글꼴의 기본 결구법 또한 거의 같다고 할 수 있다.

그리고「훈민정음언해본」과「석보상절서」의 작은 글자인 협주의 글꼴은 계선안에 두 줄로 서사되어 있다.[8] 이 계선의 크기는 큰 글자가 사용하고 있는 공간과 같은 크기로 되어 있는데 이 공간을 두 줄로 나눠 서사해야 했으므로 글꼴은 당연히 세로로 긴 형태가 나올 수밖에 없다. 그런데 이렇게 세로로 긴 형태의 글꼴이 뜻하지 않게 궁체의 모습을 머릿속에 자연스럽게 떠올리게 한다.

_8_ 계선안의 세로 공간을 다 채우면 한 줄에 16자씩 서사될 수 있다.

이처럼「훈민정음언해본」과「석보상절서」에서 보여 지는 글꼴의 체계 확립은 후대의 글꼴 변모 양상에 중요한 의미를 가진다. 특히『홍무정운역훈』이 낱글자로 구성되어 그 글꼴이 궁체 자소(字素)의 단초와 단서를 제공하고 있다면,「훈민정음언해본」과「석보상절서」는 문장으로 이루어져 체계화 된 글꼴로 궁체 원형으로서의 모습을 보여주고 있다고 할 수 있다. 특히 협주의 글꼴은 이를 더욱 더 잘 보여주고 있다.

「어제월인석보서(序)」의 글꼴은 앞선「훈민정음언해본」과「석보상절서」와 달리 큰 글자와 중간글자, 작은 글자에서 돋을머리와 들머리를 볼 수 없다. 대신 가로획과 세로획의 기필부분이 왼쪽에서 오른쪽으로 비스듬히 잘려있어 23°~36°의 각도를 형성하고 있음을 볼 수 있다.[9] 획은 굵기의 변화 없이 일정하게 되어 있음을 볼 수 있다.

「월인천강지곡」에서는 큰 글자, 중간 글자, 작은 글자의 가로획, 세로획 모두에서 다시 돋을머리와 들머리를 볼 수 있다. 하지만 앞에서도 언급했듯이 중간에 이들을 볼 수 없는 글꼴(예:月釋二·18b~月釋二·22d)이 혼재되어 있다. 돋을머리와 들머리가 없는 글꼴은「어제월인석보서」에 나타난 글꼴과 서로 비슷하다. 단지「월인천강지곡」의 글꼴이「어제월인석보서」에 비해 획의 사용이 부드럽다. 부드럽다는 의미는 획의 사용에 있어 미세하게나마 곡선이 포함되어 있음을 뜻한다.

「훈민정음언해본」,「석보상절서」,「어제월인석보서」,「월인천강지

---

9   김두식은 원간본 권20의 글자를 추출하여 기필부분의 각도가 11°~30°의 각을 이루고 있다고 말하고 있다.(김두식,「한글자형의 변천에 관한 연구」, 단국대학교 박사학위 논문, 2003. p.106.)

곡」의 점(방점포함)은 모두 붓으로 눌러 만들어 지는 형태, 즉 삼각형 모양의 붓으로 찍는 점의 형태로 되어 있다. 원형의 아래아(·) 점이 공식적으로 사용되지 않게 된 것이다.

이와 같이 『월인석보』에 나타나고 있는 모든 글꼴의 특징들을 종합해 살펴봤다.[10] 이렇게 보면 한글창제 이후 계속된 한글 글꼴의 실용화에 대한 실험이 『월인석보』를 간행하면서 모두 마무리된 것 같은 인상을 받는다. 따라서 『월인석보』는 사실상 그 시대의 변화된 한글 글꼴의 완성본 만을 모아 집대성해 놓은 책이라 해도 무방하다고 하겠다.

또한 『월인석보』에 사용된 글꼴은 이후 나타나는 한글 글꼴 변화의 시작과 출발이라 말할 수 있으며, 더불어 후대 궁체의 모태가 된다고까지 할 수 있을 만큼 그 중요성이 매우 크다.

---

10   박정숙은 「월인석보」의 글꼴을 방형고딕체형이라 하고 있으며 「훈민정음해례본」은 원형고딕체라고 단순하게 표현하고 있다.(박정숙, 「조선시대 한글고문헌 귀중본 서체의 변천사적 조형미 고찰-15∼19세기 고문헌 귀중본의 한글 판본체를 대상으로」, 「서예학연구28」, 한국서예학회, 2016, p.110.) 그런데 「월인석보」의 4편 중 어느 부분을 방형고딕체로 보고 있는지에 대한 부수 설명이 없어 「월인석보」 글꼴에 대한 총평인지 아니면 부분에 대한 평인지 알 수 없다. 또한 「훈민정음언해본」은 1459년 간행되었다고 한 뒤 곧이어 「월인석보」는 1568년에 간행되었다고 적어놓아 약간의 혼란을 야기하고 있다. (박정숙, 「한글서예」, 「한국서예사」, 미진사, 2017, p.338.) 아마도 중간본인 희방사본 (1568)과 원간본(1459, 서강대학교 소장본)의 간행시기에 착각이 있었던 듯하다.

라. 「훈민정음언해본」의 간행시기에 대한 고찰

1972년에『월인석보』(1459, 서강대 도서관 소장본)가 발견된 이후 국어학계에서는「훈민정음언해본」의 언해와 간행시기에 대해 여러 의견이 표출되었다. 그 이유는 첫 장의 권두서명인 〈世솅·宗종·御엉·製졩〉부터 4행 마지막 단어까지, 즉 1행부터 4행까지의 글꼴이 이후에 나오는 글꼴과 확연하게 다르며, 또 첫째 장 우측 상단에 교정인이 찍혀있었기 때문이다. 결국 학계에서는 연구 끝에 기존의「훈민정음언해본」판본에 '세종어제'라는 단어를 추가하여 판에 대한 개변(改變)이 이루어진 것으로 판단하였다. 이에 따라 학자들은 개변된 판의 개변 시점과『훈민정음해례본』의 언해 시점에 대한 여러 의견과 문제제기를 하기에 이르게 되었다.

특히 정우영은 세 차례에 걸쳐「훈민정음언해본」이 번역, 첨가, 수정과정을 거쳤다고 주장한다. 그의 주장을 요약하면 1차 언해본은『훈민정음(訓民正音)』한문본의 '본문'만을 대상으로 하여 1446년(세종 28년) 9월 이후 부터 늦어도 1447년 4월 이전에 언해본을 간행하였고, 2차 언해본은 1447년「석보상절서(釋譜詳節序)」와 같은 시기에 '한음치성(漢音齒聲)' 부분을 1차 언해본 다음에 번역, 첨가해서『석보상절(釋譜詳節)』권두에 실어 간행하였다는 것이다. 마지막 3차 언해본은 1459년의『월인석보』권두에 실린 것으로 권두서명 〈訓훈民민正졍音흠〉 앞에 〈世솅宗종御엉製졩〉를 덧붙이고, 그에 따른 협주를 추가함으로써 현재 전해지는『월인석보』가 된 것이라는 주장이다.[11]

이러한 그의 주장은 국어학적 논거와 사료의 제시뿐 아니라 서체 분석을 통한 검증에 까지 나아가 그의 주장에 힘을 실어주고 있다.[12] 그리고 정우영 뿐만 아니라 여러 학자들의 견해를 종합해 보면 『훈민정음해례본』이 간행된 직후 이에 대한 언해가 이루어져 1447년에 간행된 『석보상절』 권두에 「훈민정음언해본」이 실렸을 것이라는 견해에 대해 학자들 간에 별다른 이견은 없는 듯하다.[13]

이와 같이 본다면 「훈민정음언해본」의 글꼴에 대한 문제가 발생한다. 즉 1459년 간행된 『월인석보』에 실린 「훈민정음언해본」의 판본이 기존에 존재하고 있던 판본을 개변한 판본이라면 개변 이전에 존재하고 있었던 언해본 판본(이하 구판)은 세종이 승하하기 전, 곧 1450년 이전에도 존재할 수 있었다는 가정이 성립될 수도 있기 때문이다. 만약 1447년에 간행된 『석보상절』 권두에 실린 언해본의 글꼴이 원간본 『월인석보』의 글꼴과 같다는 가정까지 성립된다면 문자의 변천사에 있어서 그야말로 획기적인 사건이라 할 수 있다. 한자가 수 백 년에서 수 천 년에 걸쳐 단계별로 변천되었음을 비추어 봤을 때 더욱 그렇다.

그러나 이는 어디까지나 추측과 가정일 뿐 한계가 분명하다. 왜냐하면 『석보상절』 8행 15자 체제가 『월인석보』 7행 16자의 체제와 상이하며 글꼴 또한 현저하게 다르기 때문이다. 또 1459년에 간행된 「훈민정음언해본」 글꼴이 1447년 간행된 『석보상절』 권두에 적용되었다는

---

11 정우영, 「『훈민정음』 언해본의 성립과 재구」, 『국어국문학139』, 2005. 참조.

12 실제로 '한음치성'을 규정한 부분의 글꼴을 살펴보면 정우영의 주장과 같이 이전에 나오는 글꼴과의 차이점을 발견할 수 있다.(정우영, 위 논문, pp.86~89.) 뿐만 아니라 방점의 형태와 각도가 이전과 확연히 달라지고 있는 점도 확인할 수 있다.

13 이호권, 「『월인석보』 권두 부속문자의 서지」, 『민족문화논총48』, 영남대학교 민족문화연구소, 2011, pp.95~96.

증거나 단서는 전혀 보이지 않는다. 뿐만 아니라 당시의 글꼴 사용 현황 등 여러 정황들은 오히려『석보상절』본문에 사용된 글꼴(금속활자본)이 권두에 실렸을 「훈민정음언해본」에도 그대로 적용되었을 가능성이 더 높다는 사실을 가리키고 있다. 이렇게 보면 1447년에 간행된『석보상절』권두에 실린 언해본의 글꼴이 구판의 글꼴과 같다는 가정은 성립될 수 없다고 본다.[14]

그렇다면 원간본『월인석보』에 실린 「훈민정음언해본」의 글꼴은 언제 서사되었을까? 우선 판본을 개변한 점을 받아들여 두 가지 가정을 생각해 볼 수 있다. 첫째, 기존 언해본 판본의 글꼴 서사시기를 세종의 묘호를 추상하기 전, 즉 1450년 이전으로 까지 소급할 수 있다. 가능성은 열려 있기 때문이다. 둘째, 1459년『월인석보』간행 직전에 어떠한 결정에 따라 「훈민정음언해본」의 권두서명 부분을 수정했을 경우도 생각할 수 있다. 그 이유는 개변된 권두서명 부분의 글꼴 중 특히 협주에 나타난 글꼴은 「월인천강지곡」의 협주 글꼴과 상당히 비슷하기 때문이다. 이렇게 두 가지 가정을 통해 추측해 본다면 「훈민정음언해본」의 글꼴은 기본적으로 1450년 전후 무렵에서 1459년까지의 기간 안에 서사되었다고 할 수 있다.

그런데 「어제월인석보서」에 세조의 아들인 의경세자(1438~1457)의 추선(追善)을 겸할 목적[15]이 나오므로 이 기록에 따르면 서사시기는 1457년에서 1459년 사이로 좁혀질 수 있다. 또 세조실록에 1459년 김수온(金守溫)과 성임(成任)이『월인석보』를 선사(繕寫:부족한 점

14 이 부분에 대한 논란은 「석보상절」 권1이 발견되어야 해결될 것으로 본다.
15 이호권, 앞의 논문, p.107.

을 보충하여 정서함)한 공으로 관직을 하사 받은 사실도 이를 뒷받침한다.[16]

이와 더불어 글꼴의 연관 관계로 유추해 볼 때『홍무정운역훈』의 글꼴이 1455년에 사용되었고, 앞서 살펴본 대로『홍무정운역훈』의 글꼴과 비슷하지만 이보다 안정화, 체계화가 잘 이루어진「훈민정음언해본」과「석보상절서」의 글꼴을 봤을 때 1457년에서 1459년 사이의 시기에 서사되었을 가능성에 상당한 무게가 실릴 수밖에 없다. 따라서 원간본『월인석보』에 실린「훈민정음언해본」은 1457년에서 1459년 사이에 서사되었다고 볼 수 있다.

---

16   세조실록 15권, 세조 5년 2월 9일 임술기사. 守溫任曾以行職仕友善堂, 繕寫《釋譜》, 至是以其功幷準職.

마. 고체의 개념

오늘날 궁체와 더불어 한글 서예를 대표하는 서체 중 하나가 고체(古體)다. 하지만 어느 순간부터 판본체[17]와 고체가 같은 개념의 서체로 혼용되어 사용되게 되었다. 이는 고체의 개념을 정확하게 파악하지 못한 체 습관적 사용으로 인해 생긴 현상으로 보인다.

판본체는 『訓民正音』이나 『月印千江之曲』 등을 중심으로 창제초기 고딕의 한글 자형이 版本에 의해 이루어졌다고 하여 '판본체' 혹은 옛 글자체라는 뜻에서 '古體'라고도 한다.[18]

'고체'는 한자의 '전서, 예서'와 대별된다. '고체'라는 명칭은 한자의 전서, 예서와 자형의 닮은꼴이 있기도 하며, 한자의 오래된 서체라는 개념과 더불어 한글 창제 초기의 가장 오래된 서체란 의미를 지닌다. 이른바 '판본체'로 불리는 서체인데, '판본체'란 용어는 교과서에도 일반화되어 있으나 학술적 용어로는 어불성설이다. 때문에 고체 또는 훈민정음체 등으로 명명하는 것이 비교적 타당할 것이다. 필획은 곧고 굵기가 일정하며, 상하와 좌우가 비교적 대칭을 이루고 필획 사이의 간격도 일정한 편이다.[19]

---

17 「훈민정음해례본」과 「용비어천가」는 목판본이며 「석보상절」, 「월인천강지곡」, 「동국정운」은 금속활자로 되어있다. 여기서는 목판본뿐만 아니라 활자본까지 포괄하여 판본으로 통칭하도록 한다.
18 최영희, 「조선시대 한글 필사본 뎡니의궤(整理儀軌)서체의 특징 연구」, 「서예학연구23호.」, 2013, p.176.

고체는 한문 서예의 전서·예서와 같은 형태로써 〈훈민정음〉혜례본·〈용비어천가〉·〈월인천강지곡〉등과 같은 것이다.……중략……이러한 특징을 가지고 있는 고체는 15세기 중반 즉 훈민정음 반포 직후부터 16세기 중반까지 매우 많이 나타난다.[20]

위의 글들을 보면 고체에 대해 판본체와 병용해서 사용하는 명칭 혹은 그저 오래된 서체, 옛 글자체라는 뜻으로 고체라고 설명하고 있으며, 고체의 범주를 16세기 중반까지 폭넓게 잡고 있다. 고체라는 명칭이 어디서부터 유래했는지, 고체의 범주는 어디까지인지에 대한 연구나 고찰 없이 의례적으로 사용하다보니 발생한 문제다.

고체의 명칭이 처음 사용된 것은 1961년으로 일중(一中) 김충현(金忠顯)에 의해서다. 김충현은 1961년 제10회 국전에 고체 작품을 출품하면서 처음으로 고체라고 이름 짓고 이를 세상에 공개했다.[21] 한편 김충현이 지은 『우리 글씨 쓰는 법』에는 다음과 같은 글이 나온다.

우리 글씨의 고유한 가치를 지키며 예술로서의 생명을 불어 넣기 위하여 훈민정음 용비어천가등 판본에 좇아 씀을 고체라 이름하고 온고지신의 발현에 힘을 기울였다.[22]

---

19 장지훈, 「한글서예의 미학-서체미를 중심으로」, 『서예학연구34호』, 2019, p.151.
20 이정자, 「한글서예 서사기법」, 동방문화대학원대학교 박사학위논문, 2017, p.41.
21 "김충현도 궁체에 머물고 있는 한글 서예의 서체를 발전적으로 변형시키기 위해서 실험과 탐색을 하였다. 김충현은 훈민정음체라는 서체를 만들었다. 이 서체도 엄격한 의미에서는 전, 예체의 경계를 벗어나지 않은 서체이다. 김충현 자신은 이 서체를 고체라고 이름 붙였다. 김충현은 1961년 제10회 국전에 처음 고체 작품을 출품했다. 그는 〈용비어천가〉에 나오는 한글 고체를 본받았으므로 고체라 이름 붙인다고 하였다." (이동민, 『한국 근현대 서예사』, 수필과 비평사, 2011, p.47.)

위 내용은 고체라 이름 짓게 된 이유와 목적, 동기를 설명하고 있는 글이다. 결국 고체는 김충현이『훈민정음해례본』,『용비어천가』등의 판본 글꼴을 붓으로 표현하기 위해 그만의 방식으로 해석하고 응용해 만든 서체이며, 이 서체의 이름을 고체라 명명하였음을 알 수 있다. 이후 고체는 궁체와 더불어 현대 한글 서예를 대표하는 서체로 자리 잡게 되었음은 누구나 아는 사실이다.

그러면 고체의 범주를 어디까지로 볼 것인가에 대한 문제가 남았다. 김충현 선생의 고체를 봤을 때 가로획과 세로획이 모두 수평과 수직으로 이루어 졌으며, 기필과 수필은 기본적으로 원필을 사용하고 획의 방향이 바뀌는 부분에서는 절을 사용하고 있다. 획 두께의 변화는 거의 없으며 필획사이의 간격은 일정하게 되어 있다. 점의 경우 원형의 점과 가로획 형태의 긋는 점(획) 두 가지를 사용할 수 있으며 전체적인 글꼴의 무게 중심은 가운데 있음을 확인 할 수 있다.

이러한 특징을 갖는 서체는 가장 이른 시기의 글꼴인『훈민정음해례본』,『용비어천가』,『월인천강지곡』,『석보상절』,『동국정운』뿐이다. 김충현 선생은『국한서예』라는 책에서 "훈민정음과 용비어천가 원본을 본 받은 글씨를 고체라 한다."[23]고 하여 고체의 범위를 한정하면서 정의를 내리고 있기도 하지만 그 범위가 너무 협소하다. 이를 조금 넓혀 봤을 때『훈민정음해례본』을 위시로 위에서 언급한 4개 판본 글꼴만이 고체의 범주에 속한다고 볼 수 있다.

혹자는 여기에『월인석보』를 넣는 경우[24]도 있으나 앞서 살펴본 바

---

22 김충현,「우리 글씨 쓰는 법」, 동산출판사, 1983초판, 1990 중판, p.25.
23 김충현,「국한서예」, 시청각교육사, 1970년초판, 1988년 중판, p.49.
24 장지훈, 앞의 논문 p.150.

와 같이 『월인석보』의 글꼴은 세로획에서 돋을머리와 왼뽑음, 가로획에서 들머리와 맺음 등이 기본적으로 사용되고 있다. 또 돋을머리가 없는 글꼴(「어제월인석보서」)이라 해도 자음과 모음의 가로, 세로 기필부분에서 많게는 36°, 적게는 23° 내외 정도로 비스듬한 형태를 보이고 있고, 아래아(·)점은 삼각형의 모양의 찍는 점으로 사용되고 있다. 이렇게 『월인석보』에서 사용된 점과 획의 특성을 살펴봤을 때, 고체의 개념과는 맞지 않기에 『월인석보』는 고체의 범주에서 제외되어야 한다. 또한 이 이후에 나오는 판본 서체에서 고체의 특징을 갖는 판본은 현재까지 볼 수 없음은 물론이다.

고체의 명칭과 정의 그리고 범주를 다시 정리해 보면 다음과 같다.

고체라는 명칭은 1961년 일중 김충현이 옛 판본의 글꼴을 새롭게 해석해 만든 서체로 이를 스스로 '고체'라 명명하였다. 고체의 범주는 원점을 사용하고 있는 『훈민정음해례본』, 『동국정운』의 글꼴과 원점을 긋는 획으로 표현한 『용비어천가』, 『월인천강지곡』, 『석보상절』까지의 글꼴로 한정된다.

38 ▪ 조선시대 한글 글꼴의 형성과 변천

2부

관료 서체의
형성과 흐름

1. 관료의 글씨 – 한글 자본(字本)의 제작

　대부분 한글 글꼴의 변천 또는 한글 서예의 변천에 대한 단행본이나 논문을 보면 한글 창제 이후 나타나고 있는 글꼴과 서체들에 대해 서술하고 있지만, 이를 쓴 사람이나 주체에 대해서는 거의 언급하고 있지 않다. 물론 글씨를 쓴 사람에 대한 사료나 자료, 정보가 전혀 남아있지 않기 때문에 어쩌면 당연한 일일 수도 있다.

　하지만 서사자(書寫者)나 서사 주체에 대한 부분을 공백상태로 남겨두면 한글 서체의 변천을 파악하는데 있어 여러 문제가 얽히고설키게 된다. 우선 서체의 개념이나 정의를 내릴 때 잘못된 추론으로 개념이나 정의가 오염 될 수 있다. 또 어떠한 체계를 확립하거나 분류를 함에 있어서도 어려움을 겪는다. 선후의 문제도 발생한다. 이와 같은 난맥상을 해소하기 위해서는 어떻게 해서라도 서사자 혹은 서사 주체에 대한 공백 부분을 채워 나가야만 한다. 그래야만 앞으로도 계속해서 서사자나 서사주체에 대해 논의가 일어날 수 있게 되고 더불어 활발한 연구가 진행될 수 있으리라 생각하기 때문이다.

　여기서는 사료를 통해 서사자와 서사주체에 대해 추정함으로써 공백상태로 남겨진 부분을 채워보려 한다. 거창한 추정이나 억지 설정에 가까운 상상이나 추측이 아닌 사실에 근거한 상식적인 선에서의 시도임을 밝힌다.

　세종대왕이 한글을 창제한 이후 한글로 된 책을 간행하거나 중국의 운서를 번역하여 간행하는 등 한글 사용의 확산에 많은 노력을 기울였음은 모두가 아는 사실이다. 책의 간행 뿐 아니라 공문서에도 한글을 사용했다는 기록[1] 등으로 볼 때 이를 뒷받침하기에 충분하다. 이러한 한글 확산 정책에 가장 많은 도움을 준 것은 역시 집현전 학자들을 비롯한 관료들이다. 정인지, 신숙주, 성삼문, 강희안, 조변안, 김증, 성임 등 당시 많은 집현전 학자들과 관료들은『훈민정음』,『용비어천가』,『동국정운』,『홍무정운역훈』,『월인석보』등의 간행에 참여하여 한글의 사용과 확산에 기여하였다. 그리고 여기서 반드시 짚고 넘어가야 할 부분이 있다. 책이 간행될 때 사용된 한글 자본(字本)의 서사자 또는 서사에 참여한 주체가 누구인가 하는 점이다. 여기에 대해서는 다행스럽게도『조선왕조실록』의 기록에 의해 일정 부분 확인이 가능하다.

김수온(金守溫)·성임(成任)은 일찍이 행직(行職)으로서 우선당(友善堂)에 출근하여《월인석보(月印釋譜)》를 선사(繕寫) 하였는데, 이 때에 이르러 그 공(功)으로 모두 관직을 받았다.[2]

이에 이천에게 명하여 그 일을 감독하게 하고, 집현전 직제학 김돈(金墩)·직전(直殿) 김빈(金鑌)·호군 장영실(蔣英實)·첨지사역원사(僉知司譯院事) 이

---

1 세종실록 114권, 세종 28년 10월 10일 갑진기사. 임금이 대간(臺諫)의 죄를 일일이 들어 언문(諺文)으로 써서, 환관(宦官) 김득상(金得祥)에게 명하여 의금부와 승정원에 보이게 하였다.(上數臺諫之罪, 以諺文書之, 命宦官金得祥, 示諸義禁府承政院)
2 세조실록 15권, 세조 5년 2월 9일 임술기사. 守溫、任曾以行職仕友善堂, 繕寫《釋譜》, 至是以其功并準職。

세형(李世衡)· 사인(舍人) 정척(鄭陟)· 주부 이순지(李純之) 등에게 일을 주장하게 맡기고, 경연에 간직한 《효순사실(孝順事實)》·《위선음즐(爲善陰騭)》·《논어》 등 책의 자형(字形)을 자본으로 삼아, 그 부족한 것을 진양대군(晉陽大君) 유(瑈)에게 쓰도록 하고, 주자(鑄字) 20여 만 자(字)를 만들어, 이것으로 하루의 박은 바가 40여 장[紙]에 이르니, 자체(字體)가 깨끗하고 바르며, 일하기의 쉬움이 예전에 비하여 갑절이나 되었다.[3]

위의 실록 기사에 따르면 김수온과 성임이 『월인석보』를 선사(繕寫)한 공으로 관직을 하사받았고, 진양대군(후 세조)에게는 부족한 활자의 자본(字本)을 쓰도록 하였음을 확인 할 수 있다. 진양대군이 쓴 활자본을 병진자라 하는데 이외에도 안평대군의 글씨를 바탕으로 1450년에 경오자(庚午字), 또 강희안의 글씨를 바탕으로 1455년에 을해자(乙亥字)를 제작했다.

이렇듯 기록된 사실에 의하면 한글 창제 이후 당대의 명필로 불리는 대군과 관료를 동원해 책의 간행에 필요한 활자 자본을 제작하게 하고 한편으로는 책의 서사를 맡게 했음을 알 수 있다. 이에 대해 천혜봉과 박병천도 다음과 같이 이야기 하고 있다.

동국정운자 이후 을유자까지는 국내 명필가의 글씨를 바탕으로 주조한 독자적인 활자였지만 성종 때부터는 또다시 중국 간보의 글자를 자본으로 삼았

---

3   세종실록 65권, 세종 16년 7월 2일 정축기사. 乃命藏監其事, 集賢殿直提學金墩、直殿金鑌、護軍蔣英實、僉知司譯院事李世衡、舍人鄭陟、注簿李純之等掌之 出經筵所藏《孝順事實》、《爲善陰騭》、《論語》等書爲字本, 其所不足, 命晋陽大君 瑈書之, 鑄至二十有餘萬字, 一日所印, 可至四十餘紙。字體之明正、功課之易就, 比舊爲倍

기 때문에 글자체가 일변하였다.[4]

    고문헌에 나타나는 문자는 모두 조선시대 당대의 명필이나 전문 사자관들이 직접 자본을 필사하고 그 글씨를 유명 각수들이 새겨서 만든 목판이나 주조하여 만든 활자들로 찍어낸 것이다.[5]

    특히 박병천은『동국정운』권1과『홍무정운역훈』권3도 진양대군이 필사한 활자로 간행했다고 밝히고 있다.[6] 이를 놓고 본다면『홍무정운역훈』에 나타난 한글 글꼴과「훈민정음언해본」,「석보상절서」의 글꼴이 밀접한 연관성이 있음을 상기해 볼 때, 이 책들의 간행에 모두 진양대군(세조)이 관련되어 있다는 사실은 한글 글꼴 변천 과정에 있어 진양대군의 역할에 대해 시사하는 바가 크다고 하겠다. 진양대군이 왕위에 오른 후 간경도감(1461)을 설치하고 당대 명필 강희안(姜希顔), 황오신(黃伍信), 안혜(安惠), 유환(柳睆), 박경(朴耕) 등을 모두 동원하여 많은 국역본 불경을 간행하고 반포한 것[7] 또한 이를 뒷받침 한다.

    이렇듯 당시 책의 간행이나 활자를 만들 때 자본(字本)을 만들기 위해 집현전 학자나 관료 또는 명필로 인정받는 대군들이 이를 도맡아 썼다는 점에서 이들이 한글 글꼴에도 직접 혹은 간접으로라도 관여했을 것임은 누가 봐도 자명한 일이다.

---

4   천혜봉, 『고인쇄』, 대원사, 2003. p.60.

5   박병천, 「한국 역대 명필가의 고문헌 자본 필사의 역할과 서체 고찰」, 『동양예술논총6집』, 2002, p.41.

6   박병천, 위 논문, p.39.

7   천혜봉, 「국보12」, 예경산업사, 1989, p.226.

만약 이들이 서사를 하지 않았을 경우를 억지로 가정하더라도 누군
가는 반드시 서사를 담당했어야 했을 것이며, 그 누군가는 또 당연히
서사관 등의 관료였을 것임은 분명하다. 그 누군가가 상궁이나 내관이
될 수는 없기 때문이다.[8]

---

8   이 부분은 뒤에서 다루게 될 왕비의 수렴청정과 함께 궁체의 정립 그리고 궁체의 정의를 내림에 있
어 상궁이나 내관의 역할을 중요하게 다루는 기존 연구에 다른 시각을 보여주는 전제가 되기에 여기서
굳이 상궁과 내관을 언급하게 되었다.

2. 관료서체의 형성 - 궁중의 공식 서체

『월인석보』의 글꼴이 뒤에 나타나는 글꼴들의 모태가 된다는 점은 앞서 이야기 했다. 특히 『월인석보』 글꼴 중에서도 「훈민정음언해본」과 「석보상절서(序)」의 글꼴이 후대에 많은 영향을 미치게 되는데 그 영향을 받은 대표적 예가 『상원사중창권선문』(1464)이다. 『상원사중창권선문』은 필사본[9]으로 서사자에 대한 기록이 남아있지 않아 서사자를 특정 지을 수 없으나 표지에 어첩(御牒)이라 되어있는 것과 글꼴의 특징 등을 살펴보았을 때 관료의 글씨로 추정할 수 있다.

우선 『상원사중창권선문』은 신미의 권선문과 세조의 권선문으로 나뉘는데 이중 세조의 권선문 글꼴이 「훈민정음언해본」과 「석보상절서」의 글꼴과 더 흡사하다. 마치 「훈민정음언해본」이나 「석보상절서」를 붓으로 썼을 때 그 결과물을 보고 싶다면 세조의 권선문을 보면 될 것 같다는 생각이 들 정도다.

세조 권선문의 글꼴 특징은 다음과 같다. 먼저 가로획과 세로획에서 들머리와 맺음, 돋을머리와 왼뽑음을 사용하고 있으며, 정방형을 기준으로 그 틀 안에서 글자꼴이 구성되어 있다. 하지만 글자의 초성과 종

---

9 2015년 12월에 동국대학교 불교학술원이 경기도 고양시 원각사가 소장하고 있는 「능엄경」이 「능엄경언해」 초고라 추정된다며 이를 공개했다. 이 능엄경에는 한글로 된 주석이 책의 여백에 써져 있는데, 1461년 이전에 쓴 것으로 추정되며 이전까지 한글 최초의 필사본이라 여겨졌던 「상원사중창권선문」보다 원각사 소장 「능엄경」이 최소 3년에서 최대 십 수 년 먼저 쓰인 것으로 보인다며 현존 최고 한글 필사 자료라 발표했다.

성의 크기가 음운체계의 공간배분을 유지하고 있어 글자의 전체적인 형태는 가로로 길어 보인다.

특히 'ㅣ' 모음이 초성보다 길어졌음에도 불구하고 'ㅣ'모음 뒤에 종성 'ㄴ,ㄷ,ㄹ,ㅁ,ㅂ'이 오게 되면 이들의 공간배분 역시 음운체계에 따라 크게 하고 있음을 볼 수 있다. 이로 인해 글자의 무게중심이 중앙에 가깝게 위치하게 되는 결과를 초래하게 되었다. 따라서 종성이 없는 경우 'ㅣ'모음이 초성보다 길어 'ㅣ'축으로의 정렬 현상이 나타나고 있는 현상도 볼 수 있지만 전체적으로는 중앙정렬이 더 큰 비중을 차지하게 되었다.

이렇게 'ㅣ'모음이 길어짐에도 무게중심이 중앙에 위치하는 특징은 「훈민정음언해본」과 「석보상절서」에서도 찾아 볼 수 있다. 이를 통해 보면 세조 권선문의 글꼴은 「훈민정음언해본」과 「석보상절서」의 글꼴에서 많은 영향을 받았음을 알 수 있다.

한편 『상원사중창권선문』 서체의 여러 특징들은 후대 관료들의 글씨에서 계속해서 나타나는 특별한 현상을 보인다. 이처럼 후대 관료들의 글씨에서 같은 특징들이 계속 보인다는 것은 특정한 특징을 갖춘 서체가 일정한 형식을 이루게 되고, 이를 계속 유지함으로써 하나의 큰 계통을 형성하게 되었음을 의미한다. 그리고 이러한 계통의 글씨가 계속해서 계승되고 있었음도 의미한다.

「선조국문유지」(1593), 「소훈이씨제문」(1721), 『어제자성편언해』(1746), 『천의소감언해』(1755), 『고문진보언해』(영조년간), 『임산예지법』(18세기), 『유빈박씨상시문, 진향문』(1823), 『명성황후상존오옥책문』(1890), 『외진연시무동각정재홀기』(1901), 『책황귀비홀기』(1903) 등이 이러한 계통의 서체 흐름을 볼 수 있는 대표적인 예라 할

상원사중창권선문(세조)				
님	믈	맛	일	홀

선조국문유지	소훈이씨제문	천의소감언해 (윤음)	어제경세문답 언해	어제경세문답 속녹언해
건	훈	텬	늬	만
고문진보	임산예지법	유빈박씨진향문	유빈박씨진향문	명성황후상존오 옥책문
텬	갈	텬	현	신
선조언간	숙종언간	숙종언간	숙명공주	양문탑동표석
말	둘	현	날	맏

수 있다.

이들의 서체는 필사체의 특성상 각 서사자에 따른 일부 개성 혹은 숙련도의 차이와 시간의 흐름에 따른 한글 글꼴의 완숙도에 있어서 조금씩 다를 뿐, 큰 틀에서 보면 관료들이 사용하는 서체의 계통을 잇고 있다고 할 수 있다.[10] 이렇게 일정한 형식을 형성한 서체가 계속 이어져 내려가고 있다는 것은 어떠한 집단, 즉 관료 집단에 속한 사람들이 전문적인 교육을 통해 이를 전수하고 있었을 가능성이 높다는 것을 뜻하기도 한다. 이러한 추정이 가능한 이유는 위에서 예를 든 문서와 책들을 필사한 서사자가 모두 관료로 추정 또는 확인이 가능하기 때문이다.[11] 따라서 이들의 서체를 관료서체라 부를 수 있겠다.[12]

이 관료서체는 궁중의 공식적인 문서나 책 간행 등의 서사에 사용되었고, 왕가의 서체에도 영향을 미치게 되었을 것으로 추정된다. 선조와 숙종의 언간이나 숙명공주 언간, 낭선군 이우[13]의 글씨로 추정되는 〈양문탑동표석〉의 글씨에서 관료서체의 특징들을 볼 수 있기에 그렇다.

---

10 「상원사중창권선문」 이후에 나타나는 관료서체에서는 후대로 갈수록 조형체계로의 공간배분으로 이동 하지만 종성 'ㄴ,ㄹ,ㅁ,ㅂ'등의 크기가 약간 축소되는 경향의 변화만 보일 뿐이다. 특히 전체적인 글꼴의 짜임과 종성 'ㄴ,ㄹ,ㅁ,ㅂ'등의 글꼴과 공간을 넓게 형성하는 특징은 크게 변하지 않는다. 또한 'ㅣ'축으로의 정렬이 보이기는 하지만 종성이 모음 'ㅣ'에 종속되지 않고 초성 'ㅇ, ㅁ' 등이 가운데 위치하고 있는 관계로 궁체와 같은 온전한 'ㅣ'축 정렬이라고 할 수 없다.

11 「천의소감언해」의 경우 서사한 관료들의 명단을 확인할 수 있다.

12 관료서체라는 명칭을 정하여 사용하고 있는 것에 대해 혹시라도 간록체의 의미로 받아들이는 우를 범할 우려가 있어 노파심의 차원에서 다시 한 번 확인하도록 한다. 관료서체와 간록체는 의미와 발생 등 모든 부분에서 전혀 다르므로 이와 비교하는 것은 무의미한 일이다. 또한 본고에서도 간록체의 의미로 사용한 것이 절대 아님을 말해둔다. 관료서체는 한글 실용화의 단계에서 만들어진 하나의 서체로 후대에 까지 이어지는 한글 서체의 하나로 분류할 수 있으며, 관료서체라는 명칭에 대해서는 조금 더 연구에 천착하여 후에 적절한 단어로 변경할 수 있음도 미리 밝혀 둔다.

13 선조의 제12남 인흥군(仁興君) 이영(李瑛)의 장남.

3. 관료서체의 흐름 – 필사체

가. 『천의소감언해』 – 현전 최초 4인의 한글 서사자(書寫者) 등장

관료에 의해 관료서체로 서사된 대표적인 문헌으로 『천의소감언해(闡義昭鑑諺解)』를 꼽을 수 있다. 『천의소감언해』는 1755년에 영조의 명으로 천의소감찬수청(闡義昭鑑纂修廳)을 설치하여 남유용(南有容) 등의 신하들로 하여금 한문으로 『천의소감』을 짓게 한 후 이를 언해한 책으로, 1755년 12월 5일 사자관 정종주(鄭宗周)와 조덕준(趙德俊)이 마지막으로 책제목(한자)을 서사함으로써 완성된 것으로 보인다.[14] 『천의소감언해』는 필사본[15]과 목판본이 전해지는데 두 본(本) 모두 4권으로 되어 있으나 필사본과 목판본은 체제 순서가 다르게 편집되어 있다.

『천의소감언해』가 중요한 이유는 현존하는 관료의 글씨로 추정되는 수많은 문헌들 중 유일하게 한글 글씨 쓰기를 담당한 4인의 서사자, 즉 송규빈 형제, 이유담, 유세관의 이름이 등장하기 때문이다.

大王大妃殿進上闡義昭鑑諺書飜易時，正書次於義宮次知宋奎斌兄弟，濟

---

14 『천의소감찬수청의궤(闡義昭鑑纂修廳儀軌)』「감결질(甘結帙)」11월 24일. 進上冊題目書寫次寫字官鄭宗周趙德俊明日曉頭定送爲弥(규장각원문검색서비스, 奎14206)
15 여기서는 규장각소장 언해본(필사본)을 홍문각에서 영인한 영인본을 사용하였다.(『천의소감언해』, 홍문각, 1983.)

用監書員李惟聃, 玉堂書寫柳世寬等, 星火待令于掌樂院爲乎矣, 萬一遲晚甘
罪不辭.[16]

영조31년(1755) 11월 7일에 언해 번역서를 만들면 『감란록(戡亂錄)』 보다
는 나을 것이라는 임금의 뜻에 따라 언해서의 편찬에 대한 명이 있었으며, 이
후로 번역이 시작되었고 출초(出草), 정서(正書)를 위한 물품의 조달과 대왕대
비전에 진상할 『천의소감』 언서(諺書) 번역 시에 정서를 위하여 4인을 대령시
키라는 기록, 장황을 위한 재료의 취용 내용, 천의소감언해서를 장황하는 데
들어가는 언해서 4권의 표지, 면지, 후배지 등의 재료를 확인할 수 있다. 이때
한글 글씨를 쓴 4인은 어의궁(於義宮) 담당 송규빈(宋奎斌) 형제, 제용감(濟用
監) 서원(書員) 이유담(李惟聃), 옥당(玉堂) 서사(書寫) 유세관(柳世寬) 등이었
다. 서울대 규장각 소장의 필사본(筆寫本) 『천의소감언해(闡義昭鑑諺解)』가
현재 이 기록에 가장 가까운 유물로 보여 진다. 당시에 제작한 자료로서 기록
과 일치하는 책일 경우 서예사적인 측면에서도 정확한 서사의 시기와 주체를
확인할 수 있는 매우 유용한 자료가 되는 셈이다.[17]

위의 글에서 옥영정은 "규장각 소장 『천의소감언해』가 당시에 제작
한 자료로서 기록과 일치하는 책일 경우"라고 단서를 달고 있는데, 이
와 관련해 홍윤표는 1983년 「천의소감언해 해제」에서 '홍제(弘齋)'라
는 인장이 찍혀 있는 것을 토대로 1755년 12월 5일 진상된 언해본의

---

16 『闡義昭鑑纂修廳儀軌』甘結秩 十日月 二十四日(규장각원문검색서비스, 奎 14206. 밑줄 필자.)
17 옥영정, 「천의소감의 간행과 서지적 특성」, 『정신문화연구121』, 장서각, 2010, p.77~78. (밑줄
필자)

정서본이라 추측하고 있다.[18] 이로 보아 현재까지는 규장각 소장『천의소감언해』가 기록과 일치하는 자료일 가능성이 매우 높다.

이렇게 본다면 한글 서예사에서 한글을 서사한 관료의 주체가 확인된 문헌이 지금까지 단 한 건도 발견된 적이 없기 때문에『천의소감언해』는 서예사(書藝史)나 서체의 변천, 그리고 궁체의 정립과정[19] 등에서 매우 중요한 문헌임이 확실하다.

『천의소감언해』를 서사한 서사자 4인, 즉 송규빈(宋奎斌) 형제[20]와 이유담(李惟聃), 유세관(柳世寬) 중『조선왕조실록』과『승정원일기』를 통해 확인할 수 있는 인물은 송규빈 뿐이다. 송규빈의 이력은 알려진 바가 없으나 여항(閭巷)에서는 그 이름이 꽤나 알려진 듯하며『조선왕조실록』에 그가『방략(方略)』이란 책자를 올렸다는 기록이 남아있다.[21] 또한『승정원일기』1456년 9월 15일 경술기사를 보면 영조는 송규빈을『천의소감』의 개간에 동역(董役)을 맡기려 했으나 그렇게

---

18 "이 필사본에 정조가 왕세자로 있을 때부터 사용하던 '弘齋'라는 인장이 찍혀 있는 것으로 보아서, 한문본을 완성한 후 1755년 12월 5일에 진상한 언해본의 정서본이 아닌가 여겨진다. 대왕대비를 비롯한 궁내의 여인들에게 천의소감의 내용을 읽어 알 수 있도록 하기 위하여 언해된 이 책이 진상되었던 것이 후에 왕세자였던 정조에게 물려진 것이 아닌가 생각된다."(홍윤표, 「천의소감언해 해제」, 『천의소감언해』, 홍문각, 1983, pp.5~6.)

19 『천의소감언해』권1의 「천의쇼감범녜」부터 권4의 「천의쇼감권지ᄉ하」까지 사용된 궁체는 흘림으로 궁체의 정립부분에서 다시 논의 할 예정이다. 또한 궁체의 형성과 정립과정에 관료의 서체가 어떠한 영향을 미치고 있는지에 대한 설명도 같이 할 것이다.

20 『천의소감찬수청의궤』에 송규빈 형제로 되어있어 송규빈을 제외한 형제 중 누가『천의소감언해』의 서사에 참여했는지 모른다. 다만 승정원일기에 따르면 송규빈의 형은 송규징(宋奎徵)이며, 동생은 송규오임을 알 수 있다. (此是奎徵之同生耶 승정원일기(承政院日記) 1136책 (탈초본 63책) 영조 32년 윤 9월 15일 경술기사, 奎彬之弟奎今在, 승정원일기 1154책 (탈초본 64책) 영조 34년 3월 18일 갑진기사)

21 영조실록 120권, 영조 49년 6월 24일 임자기사. 동지(同知) 송규빈(宋奎斌)이 상소하여 존주 대의(尊周大義)를 말하고, 이어『방략(方略)』이란 책자를 올리니, 임금이 가납(嘉納)하고 특별히 녹비(鹿皮)를 내렸다. 同知宋奎斌上疏, 言尊周大義, 仍進『方略』冊子, 上嘉納, 特賜鹿皮。

되지 못하자 그 인물됨을 책망하는 듯 폐단이 많은 사람이라는 표현까지 하고 있다.[22] 그럼에도 불구하고 이후에도 영조는 계속해서 송규빈 형제에게 언서를 맡기고자 했음을 다음 기록을 통해 확인할 수 있다.

송규빈 형제는 언서에 능(익숙)하고 지금 규빈의 아우 규오가 있으니, 이 일을 맡겨도 된다. 宋奎彬兄弟, 習於諺文, 奎彬之弟奎五今在, 可任此役 [23]

이로 봤을 때 송규빈 뿐만 아니라 그 형제들(奎徵, 奎五) 모두 언문을 잘 썼던 것으로 추정할 수 있다. 또한 영조가 송규빈 형제들이 언서에 능한 것을 기억할 정도면 『천의소감언해』외에도 영조시대의 또 다른 언해 작업에도 서사자로 참여했을 가능성이 높다. 위의 내용도 이를 방증하고 있다.

『천의소감언해본』은 총 4권으로 권1의「슈셔비답」,「어졔」,「눈음」,「진쳔의쇼감차ᄌ」,「진쳔의쇼감젼」까지는 관료서체로 되어있다. 이후「쳔의쇼감범녜」부터「쳔의쇼감권지ᄉ하」까지는 궁체 흘림으로 서사되어 있다. 권4의 마지막 부분「쳔의쇼감발」과「봉교찬슈졔신」은 다시 관료서체로 서사되어 있다.

권1의 관료서체로 서사된 부분은 미묘하게 글꼴이 다르다. 'ㅣ'모음의 세로획을 보면「눈음」은 기본적으로 왼뽑음을 하고 있다. 반면「슈

---

22 승정원일기 1136책 (탈초본 63책) 영조 32년 윤 9월 15일 경술기사. 많은 사대부가 (그를) 칭찬하지만 나는 이미 폐단이 많은 사람인 것을 알고 있었다. 지난번에「천의소감」을 개간할 때 규빈을 불러 동역(감독)을 맡기려 했으나 군관으로 강화도에 갔다고 전해 듣고, 속으로 생각했다. 조영국이 필견 이 사람에게 속을 것이라고. 지금 과연 그러하다. 士大夫多譽之, 而予則已知其多弊之人矣。頃者昭鑑諺解開刊時, 欲召奎斌, 以爲董役, 而聞以軍官往江都云, 心以爲, 趙榮國必見欺於此人矣, 今果然矣。
23 승정원일기 1154책 (탈초본 64책) 영조 34년 3월 18일 갑진기사.

셔비답」과 「어졔」, 「진쳔의쇼감차ᄌ」, 「진쳔의쇼감젼」은 왼뽑음도 보이지만 세로획의 끝부분을 대부분 뭉툭하게 마감처리하고 있음을 볼 수 있다.

〈「천의소감언해」에서 보이고 있는 관료서체 비교〉

슈서비답	어제	눈음	진쳔의쇼감차조	진쳔의쇼감젼	천의쇼감	봉교찬슈제신
슈셔비답 답왈경등의 차ᄌ를 숀피니	어졔 유찬슈졔신	눈음 희라요슌의도는효뎨신	진쳔의쇼감차ᄌ 대광보국슝녹태우녕둉	진쳔의쇼감젼 대광보국슝녹태우녕둉류	쳔의쇼감발 이글은어이흐여지어는고	봉 교찬슈졔신
뻐	버	뼈	버	뼈	버	찬
ㅎ	ㅎ	ㅎ	ㅎ	ㅎ	ㅎ	헌

이렇게 보면 크게 2부류로 나눠지지만 세부적으로 살펴보면 또 다르다. 「슈셔비답」, 「어졔」, 「눈음」, 「진쳔의쇼감차ᄌ」, 「진쳔의쇼감견」 모두 한 면에 10행으로 서사되어 있지만 「눈음」과 나머지 네 부분을 비교하면 글자의 크기와 폭에서 많은 차이를 보이고 있다. 「눈음」의 글자 크기와 폭이 네 부분보다 훨씬 크고 넓게 서사되고 있다. 이 때문에 행간의 차이가 발생한다. 또 「슈셔비답」, 「어졔」, 「진쳔의쇼감차ᄌ」는 'ㅎ'의 점이 밑의 있는 가로획에서 모두 떨어져 있는데 반해 「진쳔의쇼감견」에서는 점이 가로획과 붙어있어 마치 세로로 내려 그은 획처럼 처리되어 있다. 이는 서사자의 서사 습관하고도 관계가 있는 부분이므로 이들의 서사자가 다르다고 보는 것이 마땅하다. 이렇게 글꼴의 차이만 놓고 보면 ①「슈셔비답」과 「어졔」, 「진쳔의쇼감차ᄌ」가 동일인의 글씨로 보이며 ②「눈음」과 ③「진쳔의쇼감견」은 각각의 서사자가 맡아 서사했다고 보여 진다.

권4의 「쳔의쇼감발」과 「봉교찬슈졔신」 두 서체는 확연한 차이를 보인다. 「쳔의쇼감발」은 ①의 글꼴과 매우 흡사하다. 따라서 ①의 서사자와 동일 인물이 서사한 것으로 보인다. 「봉교찬슈졔신」은 지금까지 『쳔의소감』에서 나타난 관료서체와 전혀 다른 서체를 보이고 있다. 전체적으로 납작하다는 느낌의 글꼴과 전절(轉折)부분에서 각을 이루고 있다. 특히 'ㅣ'모음과 세로획의 돈을머리가 이전과 달리 큰 각도를 이루며 꺾여 내려오는 것을 볼 수 있다. 따라서 앞에 나왔던 관료서체와 ④「봉교찬슈졔신」은 확연히 다르므로 따로 분류를 할 수 있다. 편집체제와 서체 분류를 정리하면 다음과 같다.[24]

〈『천의소감언해』편집체제와 서체분류〉

구분	편집체제	서체종류	동일서체분류
권1	슈셔비답	관료서체	①
	어제	관료서체	①
	눈음	관료서체	②
	진천의쇼감차주	관료서체	①
	진천의쇼감젼	관료서체	③
	천의쇼감범녜	궁체흘림	
	천의쇼감권지일샹	궁체흘림	
권2	천의쇼감권지일하	궁체흘림	
	천의쇼감권지이	궁체흘림	
권3	천의쇼감권지삼	궁체흘림	
	천의쇼감권지ᄉ	궁체흘림	
권4	천의쇼감권지ᄉ하	궁체흘림	
	천의쇼감발	관료서체	①
	봉교찬슈제신	관료서체	④

---

24 『천의소감언해』에 나타난 서체 분석을 통해 총 4개의 서체로 분류를 할 수 있었다. 이에 4인이 서사에 참여했다고 추정할 수 있다. 또한 『천의소감』 감결질에 나오는 서사에 참여한 인원도 4인으로 기록되어 있어 서체 분석과 천의소감 기록이 맞는다고 볼 수 있다. 하지만 『천의소감찬수청의궤』 감결질 12월 1일의 기록을 보면 '黃筆五柄, 眞墨二丁, 書案三部, 硯石匣具三部等進排'로 기록되어 있어 의문이 든다. 4인이면 서안과 벼루가 4개씩 준비되어야 맞는데 3개씩 준비된 것을 보면 여러 가능성이 제기된다.

나. 관료서체의 흐름 – 필사체

『상원사중창권선문』 이후 현존하는 관료서체로 서사된 문헌 중 제일 이른 시기에 등장하는 문헌으로「선조국문유서(宣祖國文諭書)」를 들 수 있다.「선조국문유서」는 임진왜란 중 선조가 1593년에 내린 한글 교서로, 왜인에게 붙들려 간 백성은 죄를 묻지 않는다는 것과 왜군을 잡아오거나 왜군의 정보를 알아오는 사람, 또는 포로로 잡힌 우리 백성들은 설득해 데려오는 사람에게는 천민, 양민을 가리지 않고 벼슬을 내린다는 내용이다.[25]

이 유서(諭書)의 글꼴은 전체적으로 세로로 긴 장방형을 취하고 있다. 이는 가로획 보다 'ㅣ'모음의 길이가 상대적으로 길어지는 '조형체계'로의 전환에 따라 나타나는 현상이다. 또 초성의 크기가 이전보다 작아진 것도 세로로 길어지는 글자 형태에 상당한 영향을 주었다고 볼 수 있다. 이러한 현상은 초성이 'ㅣ'모음에 종속되기 시작했음을 보여주는 사례이기도 하다.

반면 종성 'ㄴ,ㄹ,ㅁ'을 보면 글꼴 모양과 공간을 넓게 형성하는 관료서체의 특징이 뚜렷하게 나타나고 있음을 볼 수 있다. 이전시기에 비해 그 크기만 약간 줄어들었을 뿐이다. 이에 따라서 글자의 무게중심은 종성이 없는 글자의 경우 'ㅣ' 모음이 있는 우측으로 이동하게 되

---

25 한국학중앙연구원 장서각 편찬,『한글, 소통과 배려의 문자』, 한국학중앙연구원 출판부, 2016. p.92.

지만 종성이 있는 경우에는 무게중심이 여전히 글자의 중앙에 가깝게 형성되고 있다. 때문에 'ㅣ'모음이 길어졌음에도 문자의 정렬은 중앙과 'ㅣ'축 정렬이 혼재되어 있는 상황이다.

「소훈이씨치제문(昭訓李氏致祭文)」[26]은 왕세제였던 영조가 1721년 11월 19일 지은 제문의 한자음을 그대로 옮긴 것이다. 이 치제문을 보면 「선조국문유서」와 비슷한 특징을 보이고 있으나 「선조국문유서」보다 글자가 전체적으로 일정한 형태로 서사되어 있는 것을 볼 수 있다. 물론 임진왜란이라는 당시의 혼란한 상황도 감안해야겠지만 시간의 흐름에 따라 점차적으로 정형화, 체계화가 이루어졌을 것이라는 점은 어렵지 않게 유추할 수 있다.

「소훈이씨치제문」의 글꼴을 살펴보면 가로획에서 들머리와 맺음이 사용되었고, 세로획에서는 돋을머리와 왼뽑음이 보이지만 첫 번째, 두 번째 행에는 세로획의 수필부분을 왼뽑음이 아닌 붓을 강하게 눌러 맺는 형태가 나타난다. 초성 'ㄴ,ㄹ,ㅂ'의 글꼴에서 돋을머리와 맺음의 형태를 볼 수 있는데 이는 종성에 쓰였을 때도 마찬가지다. 전체적으로 「선조국문유서」와 같은 글꼴의 특징들을 많이 찾아볼 수 있다.

특이한 사항으로는 1721년 12월 9일에 지은 치제문이 있는데, 이 언해본은 궁체 반흘림으로 되어 있다. 그런데 이 치제문의 경우 한문본과 언해본에서 차이가 나는데 '왕세제(王世弟)'가 '왕세ㅈ'로 '금난구득(今難求得)'이 '금난부득'으로 잘못 서사되어있다. 이는 누군가가 한자음을 읽어주면 이를 받아 적는 과정에서 실수한 것으로 추측되는데 제문에 '상궁니시'를 보내 치제한다고 나와 있어 언해문을 서사한

---

26 디지털장서각, RD02787.

이가 혹시 상궁 이씨(李氏)가 아닐까 조심스럽게 그 가능성을 제기해 본다. 그 이유는 11월 19일에 지은 치제문과 12월 9일에 지은 치제문이 관료서체와 궁체로 서체 상 확연한 차이를 보이고 있으며, '왕세제'와 '왕세자', '구'와 '부'는 크나큰 차이가 있으므로 한문에 능통한 관료가 언해를 하면서 이런 실수를 했다고 믿기 힘들기 때문이다.

『고문진보언해(古文眞寶諺解)』[27]는 영조 연간에 서사된 것으로 추정되는데, 한 면을 상, 하로 나누어 상단에는 한자음을 언해한 한글을 먼저 쓰고 왼쪽으로 한자를 쓰고 있다. 이어 하단에는 한글로 한자에 대한 뜻풀이를 하고 있다. 한자는 당시의 전형적인 사자관의 글씨체로 보이며, 한자를 쓴 사람이 한글도 썼을 가능성이 높다. 한자와 한글의 글씨 흐름이 이질감 없이 어우러지고 자연스럽게 이어지는 것을 봤을 때 충분한 가능성이 있다고 판단된다.[28]

『고문진보언해』의 한글 글꼴은 기본적으로 정방형이다. 하지만 전체적인 분위기는 가로로 약간 납작하게 보이기도 한다. 관료서체의 특징인 종성 'ㄴ,ㄹ,ㅁ'의 꼴과 공간의 너비 때문에 나타나는 현상이다. 글자의 무게중심은 중앙에 위치하고 있으며 가로, 세로획에서는 들머리와 맺음, 돋을머리와 왼뽑음이 보인다. 그리고 획이 방향을 전환 하고자 할 때는 붓을 꺾어 내려가는 절(折)의 방법을 사용하고 있다. 이러한 전체적인 특징으로 볼 때 『고문진보언해』의 글꼴은 전형적인 관

---

27 8책 8권으로 되어 있다.(디지털장서각, K4-389)
28 물론 이와 다른 상황도 있을 수는 있다. 첫째, 한자를 먼저 쓰고 이후에 또 다른 서사자가 한글을 맡아 쓴 경우, 둘째 한글을 먼저 쓰고 빈 여백을 남겨둔 후 나중에 한자를 써 여백을 채웠을 경우를 생각할 수 있다. 이중 첫 번째 가정은 책의 편집 구성으로 봤을 때 매우 부자연스러울 뿐 아니라 서사 자체가 힘들며 상식적이지 않다. 두 번째 가정의 경우 1차 서사, 2차 서사라는 번거로운 과정을 거쳐야만 하기에 힘들어 보이나 고려할 수는 있다.

료서체를 보여주고 있다고 하겠다.

한편『고문진보언해』에는 '내(內)'자와 '영빈방(暎嬪房)'[29]이라는 장서인(藏書印)이 찍혀있어 영조 연간에 서사된 것으로 추정할 수 있다. 또한 '달(達)'자와 '춘궁(春宮)'이라는 인(印)도 먹으로 찍혀있어 영조의 아들인 사도세자에게 전해진 것으로 추정된다. 특히 이완우는『고문진보언해』의 필사시기를 영조 연간이 아닌 숙종 때에 완료된 것으로 추정하고 있기도 하다.[30]

영조 때에는 관료서체의 특징을 보이는 문헌이 여럿 보이는데『어제자성편언해(御製自省編諺解)』(1746),『어제경세문답언해(御製警世問答諺解)』(1761),『어제경세문답속녹언해(御製警世問答續錄諺解)』(1763)가 그것이다. 이 중『어제자성편언해』를 제외한 두 문헌은 관료서체의 특징을 갖추고 있으나 여러 사항을 종합해 분석해 볼 때 관료의 궁체로 분류하는 것이 맞을 듯싶다.

『어제자성편언해』[31]는 서문 부분은 한 행에 17자씩 10행으로 구성되어 있으며 내편부터는 18자로 서사되어 있다. 이와 같은 글자 수의 변화에도 글꼴 크기의 변화는 없다. 2권 마지막 '봉교고교제신'부분은 본문의 글꼴과 다른 글꼴로 직책과 이름이 쓰여 있다.

『어제자성편언해』글꼴의 특징은 글자의 무게중심이 위쪽에 형성되어 있다는데 있다. 이는 세로획의 길이에 따른 것으로, 한 줄에 17~18자를 쓰기 위해 각 글자마다의 공간을 일정하게 미리 정해 놓은

---

29 사도세자의 어머니 영빈(暎嬪) 이씨(1696~1764)가 사용한 장서인(藏書印)이다.
30 이완우, 「장서각소장 한글자료의 필사시기」, 『한글, 소통과 배려의 문자』, 한국학중앙연구원 출판부, 2016, p.349.
31 디지털 장서각, K4-4106.

후 그 안에서 글자의 폭과 길이를 맞추고 있다. 이에 따라 종성이 없는 경우 'ㅣ'모음을 정해진 위치에 맞게 쓰는 방식을 취하고 있어 'ㅣ'모음이 당연히 길어질 수밖에 없다. 그런데 이러한 경우 대부분의 서사자들은 초성을 'ㅣ'모음의 중간에 놓는 것이 보통인데,『어제자성편언해』는 초성의 위치를 위쪽으로 바짝 붙여 놓는 특징을 보여주고 있다. 이 때문에 글자의 무게 중심이 위쪽에 위치하게 되며 이러한 결구 방식으로 인해『어제자성편언해』만의 독특한 글꼴 특징이 더욱 두드러지게 나타난다. 또한 이와 같은 이유로 자형은 전체적으로 세로로 긴 장방형의 형태를 띠며 이것이 오히려 글꼴을 세련된 느낌이 들도록 만들고 있다. 전체적인 글꼴의 형태와 종성의 공간의 배분 등에서 관료 서체의 특징을 보이고 있다.

　　『유빈박씨상시문(綏嬪朴氏上諡文)』[32]과『유빈박씨진향문(綏嬪朴氏進香文)』[33]은 1823년(순조23) 정조의 후궁 유빈박씨의 장례를 치를 때 지은 시책문(諡冊文)과 애책문(哀冊文)으로 각각의 서사자가 서사한 것으로 보인다.[34] 이 두 문헌의 글꼴은『천의소감언해』권4에 있는「봉교찬슈졔신」의 글꼴과 전체적인 형태가 비슷하다. 다만 시책문과 애책문은 주묵으로 계선을 만들고 그 안에 한 글자씩 서사했으며 계선으로 만들어진 사각형 공간은 가로가 훨씬 긴 장방형이다. 이로 인해 글자도 자연스럽게 가로가 긴 장방형의 형태를 갖추고 있다.[35]

32　디지털 장서각, K2-3068.
33　디지털 장서각, K2-3019.
34　1823년 2월 27일에 순조의 생모 유빈 박씨의 장례를 거행하였는데 이때 유빈 박씨의 죽음을 애도하기 위해 순조의 명으로 시책문은 호조판서 박상규(沈象奎)가, 애책문은 판부사 남공철(南公轍)이 지었다. 시책문과 애책문의 찬자가 다르듯 시책문과 애책문의 글꼴 차이로 인해 서사자가 다르다고 판별된다.

시책문과 애책문의 글꼴은 'ㅅ,ㅈ'의 형태에서 확연한 차이를 보이고 있다. 시책문의 경우 'ㅅ,ㅈ'의 땅점을 좌하향 방향의 삐침으로 처리하는 특징을 보이는데 반해 애책문에서는 이러한 특징이 보이지 않으며, 시책문에서는 가로획의 들머리와 맺음을 두드러지게 눌러서 처리하고 있어 애책문과 차이를 보인다. 이러한 특징으로 인해 두 문헌의 서사자가 다름을 확인 할 수 있다. 다만 두 문헌 모두 관료서체의 특징을 잘 보여주고 있다.

이와 비슷한 형태로『명성황후상존호옥책문(明成皇后上尊號玉冊文)』(1890)이 있다.[36] 시책문, 애책문과 다른 점은 계선으로 만들어진 공간이 두 문헌보다 정사각형에 가까운 직사각형이며 글꼴은 세로로 긴 장방형의 형태를 갖고 있다. 이를 제외하면 획의 모양이나 결구법 등에서 시책문, 애책문의 글꼴과 흡사하다고 할 수 있다.

『학석집』[37]은 익종(순조의 세자, 1809~830)이 지은 시를 모아 놓은 시문집이다.『학석집』의 편집체계를 보면 책 앞부분에 익종의 서문이 있으며, 그 이후로 시문이 적혀있는 본문이 시작된다. 그런데 서문의 글꼴과 본문의 글꼴이 차이를 보이며, 본문의 글꼴에서도 서로 다른 부분이 존재한다. 즉 본문이 시작되는 부분부터 중간부분(11쪽~45쪽)까지, 그리고 그 이후의 부분으로 나눠지는 것이다.[38] 중간 이후부터 글꼴의 가로획 기울기가 서문과 같이 급격하게 올라가는 것을 볼

---

35 「봉교산슈제신」은 긴 관직명과 이름 등을 써넣어야 하는 관계로 어쩔 수 없이 글자가 납작한 형태를 띠고 있다.

36 「명성황후상존호옥책문(明成皇后上尊號玉冊文)」 한문본의 한자음을 그대로 옮겨 쓴 것으로 한문본의 서사자는 '書寫官資憲大夫禮曹判書 臣閔泳煥'로 나온다.(디지털장서각, k2-4045)

37 디지털장서각, K4-5693.

38 장서각 소장 「학석집」에 표기된 쪽수에 따른다.

수 있다.

글꼴은 서문의 경우 다른 문헌과 달리 가로획의 들머리와 맺음이 강조되어 강한 인상을 풍기고 있다. 세로획의 돋을머리 부분도 강조되고 있으며 이후 붓의 방향전환이 급격하게 이루어지는 특징이 있다. 또한 획의 두께변화를 통해 다양한 풍미를 느끼게 한다. 결구는 치밀하게 짜여져 서사자의 상당한 공력을 볼 수 있다. 전체적으로 글자와 행간의 간격을 1:1로 구성해 가독성을 높이고 있음을 알 수 있다.

본문은 상단의 큰 글자와 하단의 작은 글자부분으로 상하 2단으로 구성 되어 있다. 상단의 큰 글자는 획을 굵게 사용해서 획 사이의 공간을 줄임으로써 글자를 최대한 조여 치밀하게 구성하고 있다. 가로획의 들머리는 방필의 느낌이 들 정도로 각을 세우고 있으며 세로획의 돋을머리도 마찬가지다. 작은 글자의 경우 큰 글자와 달리 조금 더 부드러우면서 획의 두께에 변화를 주고 있다.『학석집』 중간부분 이후로는 앞서 이야기 했듯 작은 글자의 가로획 기울기가 오른쪽으로 많이 올라가 있음을 볼 수 있다. 총체적으로 본문의 글꼴은 관료서체의 전형적인 글꼴과 특징을 보여주고 있다.

『외진연시무동각정재홀기(外進宴時舞童各呈才舞圖笏記)』[39] (1901)는 큰 글자 밑에 작은 글자로 춤과 노래의 순서와 제목을 적어 놓았다. 글꼴에서 서사자의 개인적 특징을 적나라하게 드러내고 있다. 이 글꼴에서 가장 특징적인 것은 가로획의 첫 들머리 부분이다. 일반적인 들머리 형태가 아닌 붓을 꺾어 들어오는 방필을 사용하고 있으며 붓끝을 위쪽으로 노출시키고 있다. 이러한 형태의 들머리는 북위서체에서 많

---

[39] 디지털장서각, K2-2890.

〈관료 서체-필사체 글꼴 비교〉

선조국문유지	면	란	룰	평
소훈이씨치제문언해	념	일	션	신
어제자성편언해	는	름	슌	효
고문진보언해	룰	블	을	쳔
임산예지법	문	산	실	텹
유빈박씨진향문	서	울	젼	칠
학석집	틴	돈	션	홀
명성황후상존오옥책문	슌	일	젼	풍
외진연시무동각정재홀기	박	즁	진	쳔
책황귀비홀기	관	문	일	졀
대전중궁전상존호후왕 세자자내진작행례홀기	문	셜	팔	현

이 사용하는 방법이다. 가로획뿐만 아니라 세로획에서도 인위적인 형태로 가로획과 같이 붓을 운필하는 모습이 보인다. 아마도 서사자의 서사습관이거나 아니면 글꼴의 특징을 만들어 내기 위한 계획적 사용이라고 볼 수 있다. 글꼴은 전체적으로 봤을 때는 관료서체의 특징을 잘 보여주고 있으며 종성 'ㄱ'의 가로획 길이를 유난히 길게 처리하는 특징도 보인다. 『진연의궤(進宴儀軌)』 좌목(座目)에 서사에 동원된 서사자 명단이 나오는데 『천의소감언해』에서처럼 한글 서사자 명단을 따로 적어 놓지 않아 아쉬움이 남는다.[40]

『책황귀비홀기(冊封皇貴妃笏記)』[41](1903)는 순비 엄씨를 황귀비로 책봉하는 의례절차를 적은 것으로, 획에서는 들머리, 맺음, 돋을머리, 왼뽑음 등을 볼 수 있다. 전체적으로 부드러운 느낌의 필사체로 관료서체의 특징이 나타나 있으며, 『천의소감언해』의 「천의쇼감발」 글꼴에 획을 조금 더 두텁게 사용하면 이 홀기의 글꼴이 나올 것 같다.

관료서체로 서사된 문헌 중 조금 특별하다고 생각되는 문헌이 『임산예지법(臨産豫知法)』[42](18세기)이다. 이 문헌 해제를 보면 왕실여성을 독자층으로 하고 있음을 밝히고 있다.[43] 즉 왕실 여성의 출산 전후에 숙지해야할 사항에 관한 내용으로, 내용만 봤을 때는 내전(內殿)[44]에서 궁체로 작성되었어야 되는 것이 아닌가라는 의문이 들기도 한다.

---

40 「진연의궤」 좌목에 나오는 서사자 명단은 다음과 같다. 윤창석(尹昶錫), 안준철(安俊喆), 김순희(金舜熙), 강윤기(姜允基), 박태형(朴泰炯)으로 총 5인이다.(디지털장서각, K2-2871, 「진연의궤」 권1, 좌목)

41 한국학중앙연구원 한국학도서관, K2-2723.

42 디지털장서각, RD00861.

43 "임신한 여인이 출산 전후에 숙지해야 할 사항들을 정리한 자료로 소장처, 지질, 서체, 본문 중의 높임법 등을 감안할 때 이 문서의 독자는 왕실여성이 분명하다."(한국학중앙연구원 장서각편찬, 앞의 책, p.82.)

하지만 글꼴로 봤을 때는 전형적인 관료서체로 서사되어 있어 여기서는 우선 관료가 서사한 것으로 추정한다. 이에 대해 정승혜는 "한문본이 있었을 가능성을 열어두고, 내명부 가운데 비빈을 가까이 모시는 상궁 정도의 신분이 쓴 것이 아닐까."[45]라고 추측하고 있기도 하다. 만약 이 서체가 궁녀, 즉 서사상궁이 쓴 것이라면 궁체 정자로 분류해야 되는데 그렇다면 이 시기의 서사상궁의 궁체 정자는 이러한 글꼴을 갖고 있었다는 의미가 된다.

글꼴은 가로, 세로획에서 들머리, 맺음, 돋을머리, 왼뽑음 등이 기본적으로 사용되었으며 간혹 왼뽑음으로 처리하지 않고 맺는 경우도 보인다. 특히 세로획을 그어 내려올 때 좌우로 약간씩 흔들리는 것을 볼 수 있으며, 글자의 무게중심은 중앙에 위치하고 있다. 이에 따라 글자의 정렬방식은 중앙정렬이 된다. 전체적으로 관료서체의 특징을 고스란히 보여주고 있다.

이외에도 관료의 필사체로「대왕대비뎐가샹존호칙보친전의(大王大妃殿加上尊號冊寶親傳儀)」[46]와『자경전진작정례의궤(慈慶殿進爵整禮儀軌)』시 편찬된 홀기(笏記)인「대뎐즁궁뎐샹존호후왕셰ᄌᄌᄂᆡ진쟉힝례홀긔(大殿中宮殿上尊號後王世子自內進爵行禮笏記)」[47] 등을

---

44 본고에서 말하는 '내전(內殿)'은 왕비를 비롯한 왕실의 여성들이 거처하는 곳을 포괄하는 명칭으로 사용하며, 여기에는 내삼전(內三殿), 즉 대왕대비, 왕대비, 대비도 포함된다. 아울러 이들을 보필하는 상궁 등 왕실과 관련된 여성들이 왕실의 여성들과 같이 언급(서사에 관련되거나 대필 등의 경우)될 경우에도 내전으로 통칭하기로 한다. 그리고 대비의 수렴청정시 동조(東朝)라는 단어를 사용하기도 하나 여기서는 혼동을 피하기 위해 사용하지 않는다.

45 정승혜,「조선왕실의 출산 지침서『림산예지법』에 대하여,『장서각소장 한글필사자료 연구』, 태학사, 2007, p.558.

46 1867년 신정왕후의 존호를 가상할 때의 절차를 기록한 자료로 관료서체라고도 볼 수 있으며, 관료의 궁체 정자로 분류할 수도 있다.(디지털장서각, K2-2802)

들 수 있다. 특히 『대뎐즁궁뎐샹존호후왕셰ᄌᄌ닉진쟉힝례홀긔』는
전형적인 관료 서체로 서사되어 있음을 볼 수 있다.

---

47   규장각원문검색서비스, 奎27612.

4. 관료서체의 흐름 – 판본체

　서예에서는 판본의 경우 한글창제 초기의 몇몇 판본에 나오는 글꼴 (고체)을 제외하고는 서예의 범주에 포함하지 않는 경향이 높다. 따라서 『용비어천가』 이후에 간행된 판본 서체나 글꼴에 대한 상세한 분석 연구 등에 있어서는 서예의 다른 분야에 비해 등한시 되어왔던 것이 사실이다. 안타까운 심정이지만 본고에서도 판본체에 대해 심도 있게 논하거나 세밀한 분석을 하기에는 불가피한 여러 상황 때문에 관료서체의 흐름을 살펴볼 수 있는 대표적인 몇몇 판본을 선정해 이들의 글꼴을 살펴보는 것으로 갈무리 하도록 하겠다. 판본에 대한 상세한 연구는 차후에 발표할 기회가 있으리라 생각한다.

　『월인석보』이후 간행된 대표적인 판본으로는 『능엄경언해(楞嚴經諺解)』를 들 수 있다. 『능엄경언해』는 '을해자병용 한글활자'[48]로 간행된 활자본(1461)과 목판본(1462)이 있다.[49] 목판본은 활자본이 서둘러

48　"능엄경의 본문은 을해자를 사용하였고, 한글로 언해된 부분은 한글 활자를 사용하였는데, 이를 '을해자병용 한글활자'라 한다. 을해자와 함께 사용한 한글 활자라는 뜻이다. 「능엄경」을 인쇄할 때 처음 사용하였으므로 '능엄경한글자'라고도 한다. 주조된 시기는 1455년과 1461년 사이였을 것으로 추측된다."(이재정, 김효정, 『금속활자에 담은 빛나는 한글』, 국립중앙박물관, 2008, p.20.)

49　활자본과 목판본은 모두 서울대학교 규장각 원문검색서비스에서 제공하고 있는 자료를 바탕으로 하였다. 활자본의 겉표지 제목은 「大佛頂首楞嚴經」까지만 확인되며, 목판본의 표지 제목은 「楞嚴經諺解」로 되어 있다. 여기서는 편의상 『능엄경언해』로 통칭한다.(활자본:가람294.337-Su72s-v.5, 목판본: 一簑古貴 294.337-Su72b)

〈관료 서체- 판본체 글꼴 비교〉

활자본 판본과 목판본

능엄경언해(활자본)	닐	몬	믈	흔
능엄경언해(목판본)	늗	변	업	올
육조법보단경언해	닌	면	블	흐
여씨향약언해	만	문	줄	ᄒ
맹자언해	는	인	ᅙ	홀
화포식언해	견	골	울	호
어제계쥬윤음	일	륜	월	일
무예도보통지언해	텬	룰	번	인

궁체류 판본

불셜대보부모은듕경	만	문	팔	쳔
태상감응편도셜언해	를	릴	신	친
고종윤음	륜	션	인	팔
경석자지문	거	길	을	쳔

간행되다 보니 잘 못된 부분이 많아 이를 수정하여 목판본으로 다시 간행하였다.

　먼저 활자본의 글꼴, 즉 '을해자병용 한글활자'의 글꼴은 가로, 세로 획에서 들머리와 맺음, 돋을머리가 사용되고 있으며, 세로획의 마무리 부분에 이르러서는 둥글게 맺고 있는 것을 볼 수 있다. 아래아(·) 점과 방점은 필사체의 점 형태인 삼각형 모양을 띠고 있다. 초성 'ㄴ,ㄷ,ㄹ, ㅂ'의 글꼴에서 돋을머리와 맺음의 형태를 볼 수 있다.

　전체적으로 글꼴은 세로로 긴 장방형으로 음운체계의 공간배분을 보이고 있다. 다만 초성의 크기는 전반적으로 'ㅡ'와 'ㅣ'모음보다 작게 처리되어 있다. 특히 종성이 없는 'ㅣ'모음 앞의 초성은 조형체계의 공간배분이라고 할 수 있을 정도로 초성이 작게 처리되어 있다. 그리고 종성 'ㄴ,ㄹ,ㅁ,ㅂ' 등의 꼴과 공간의 배분은 관료서체의 초창기 모습을 보여주고 있다.

　이 이후에 간행되는 판본 글꼴들은 모두 '을해자병용 한글활자'를 기초로 하여 시간의 흐름에 따라 약간의 변화를 더하거나 정제된 모습을 보여줄 뿐이다. 따라서 '을해자병용 한글활자'는 판본체에서 관료서체의 전형을 형성하는데 있어 결정적 역할을 했다고 할 수 있다.

　『능엄경언해』 목판본의 글꼴은 큰 글자에서는 가로획의 기필 부분에서 우하향으로 비스듬한 각도를 보이고 맺음 없이 마감되는 형태를 보이고 있다. 반면 한자 밑에 쓰인 작은 글자에서는 들머리와 맺음이 사용되고 있어 서로 혼재되어 있는 양상이다. 전체적으로는 맺음 없이 마감되는 형태가 대다수를 차지하고 있다. 세로획에서도 가로획과 마찬가지로 돋을머리가 사용된 글꼴과 돋을머리 없이 우하향의 각도로 잘린 형태를 보이는 글꼴이 혼재되어 있으며, 마지막 부분에서 왼뽑음이 있는 것과 둥글게 마감하고 있는 것이 혼재되어 있다. 이 역시 둥글게 마감하고 있는 것이 대부분이다. 아래아(·) 점과 방점은 필사체 형태인 삼각형 모양의 점이며 전체적으로 음운체계의 공간배분을 지키고 있음을 살펴 볼 수 있다.

1496년에 '인경한글자본'으로 불리는 목활자로 간행된『육조법보단경언해(六祖法寶壇經諺解)』의 글꼴은 큰 글자와 작은 글자로 분류할 수 있다. 큰 글자의 가로획과 세로획은 들머리와 돋을머리를 볼 수 있다. 다만 수필 부분에서는 가로획의 경우 맺음을 사용하는 부분과 평맺음을 사용하는 부분이 상존한다. 세로획도 마찬가지로 왼뽑음과 둥글게 마감하는 획법이 같이 사용되고 있다. 획의 두께 변화가 미약하게 보이고 있을 뿐 큰 변화를 찾아 볼 수 없어 상당히 절제되어 있다는 인상을 준다. 작은 글자는 큰 글자와 달리 세로로 긴 장방형으로 전혀 다른 글꼴 같지만 길이만 세로로 길어졌을 뿐 글꼴은 같은 특징을 보인다. '인경한글자본'이 '을해자병용 한글활자'의 글꼴보다 정교하다고 할 수 있으며, 전체적으로 글꼴이 안정된 느낌을 주고 있다. 종성에서의 공간분배와 꼴은 관료서체를 그대로 계승하고 있다.

『여씨향약언해(呂氏鄕約諺解)』[50]는 1518년 처음 간행된 교정을 거쳐 1574년에는 을해자로 간행되었는데 한글 글꼴은 이전과는 확연한 차이를 보인다. 가장 큰 차이는 가로획에서 보인다. 가로획은 들머리와 맺음을 정확하게 하고 있는데 들머리에서 시작해서 보에 이르면서 획의 두께가 얇아졌다가 다시 서서히 두터워 지며 확실한 맺음을 하고 있다. 마치 한석봉의 해서 가로획을 보는 듯하다. 물론 일반적인 들머

---

50   디지털한글박물관, MA-01-00000942.

리와 맺음을 하고 있는 획도 사용되고 있지만 이전까지 볼 수 없었던 변화임은 틀림없다. 세로획은 돋을머리를 사용하고 있으며 왼뽑음과 둥글게 맺는 것을 혼용하고 있다. 획의 변화가 두드러지게 나타나므로 전체적인 글꼴에서도 변화와 움직임이 많이 보인다. 이전과 마찬가지로 관료서체의 특징이 강하게 드러난다.

『맹자언해(孟子諺解)』[51](1590)는 '경서자병용 한글활자'로 간행되었다. 이 활자본은 이전보다 상당히 정제된 형태로 안정화 되어 있다. 큰 글자와 작은 글자로 되어있으며 정방형의 형태를 갖고 있다. 들머리, 맺음으로 되어 있는 'ㅎ'의 가로획에서 섬세함과 연미함이 특히나 돋보인다. 특이하게 방점은 원점으로 되어 있는데 반해 아래아(·)점은 필사체의 점, 그 중에서도 얇고 길다란 점으로 서사되고 있다. 전체적으로 획의 곡선도 사용되고 있으며 『여씨향약언해』보다 부드럽고 연미한 풍을 띠고 있다.

『화포식언해(火砲式諺解)』[52]는 1635년에 이서(李曙, 1580~1637)가 각종 총 쏘는 방법과 화약 굽는 방법을 기술하여 간행한 목판본으로 큰 글자와 작은 글자로 구성되어 있다. 『화포식언해』의 글꼴은 음운체계의 공간배분에서 벗어나 조형체계의 공간배분을 보여준다. 초성과 종성은 이전과 달리 크기가 작아졌으며 'ㅣ'모음이 길어지면서 종성이 없는 경우 초성을 위쪽에 서사하는 결구법을 사용하고 있다. 이로 인해 글자의 무게중심이 위쪽으로 형성되는 현상이 나타난다. 조형체계로의 이동은 글꼴을 전반적으로 세련된 느낌이 들도록 만들고 있으며,

---

51 규장각 원문검색서비스, 一簑古貴181.1-M268eo
52 디지털 장서각, PC5-19.

더불어 가로획이 오른쪽으로 올라가는 기울기의 형성은 이를 더욱 돋보이게 하고 있다. 관료서체의 변모 양상을 잘 보여주고 있다고 하겠다.

영·정조 시대는 판본체의 정점에 오른 시기라 해도 과언이 아니다. 이 시대의 수많은 간행본들이 이를 증명하고 있다. 특히 정조시대에 간행된 활자본과 목판본은 흠잡을 데 없는 아름다운 글꼴을 보여주고 있다. 이중 『어졔계쥬윤음(御製戒酒綸音)』[53]과 『무예도보통지언해(武藝圖譜通志諺解)』[54]를 보면 획들의 미묘한 변화에서 나오는 어우러짐과 획과 획 사이의 정확한 공간배분은 타의 추종을 불허한다. '정유자 병용 한글활자' 또한 마찬가지로 이들의 글꼴은 비록 조선시대에 만들어졌지만 미감은 가장 현대적이라고 할 수 있으며, 그 세련된 자태와 아름다움은 현시대 어디에다 내놓아도 손색이 없을 정도다.

한편 정조시대에 간행된 판본체 중에서 궁체로 된 판본체가 눈에 띄는데 『불셜대보부모은듕경(佛說大報父母恩重經)』(1796)이 그것이다.[55] 글꼴은 기본적으로는 우리가 알고 있는 궁체 정자의 요소를 모두 갖추고 있다고 해도 과언이 아니다. 들머리, 맺음, 돋을머리, 왼뽑음, 세로로 긴 장방형 글꼴, 'ㅣ'축의 길이에 따른 초성과 종성의 종속화 현상 등 모든 면에서 궁체 정자라 해도 지나치지 않는다. 다만 종성 'ㄴ,ㄹ'등에서 나타나는 글꼴이 일반적으로 우리가 인지하고 있는 궁체 정자의 글꼴과 다르게 서사되어 있다.[56] 예를 들어 'ㄴ'에서 세로획

---

53 영조 33년(1757)에 목판본으로 간행(디지털 장서각, K2-1836)

54 정조 12년(1790)에 목판본으로 간행(디지털 장서각, K3-276)

55 정조의 명으로 『불설대보부모은중경(佛說大報父母恩重經)』을 언해한 책으로 서울대학교 규장각 소장본(奎4957)과 한국학중앙연구원 장서각 소장본(K3-227)을 참고했다.

으로 시작해 가로획으로 방향 전환이 일어날 때 일반적인 궁체의 경우 붓을 굴려(轉) 부드럽게 방향전환을 한다. 그러나『불설대보부모은듕경』에서는 붓을 꺾어서(折) 방향전환을 하며 이후 두께의 변화 없이 획을 진행 시킨 후 맺음으로 마무리 하고 있다. 종성 'ㄹ' 또한 이와 같은 운필법을 사용하고 있으며 이는 관료서체에서 나타나는 특징을 그대로 보여주고 있다고 하겠다.

특히 이 간행본은 정조의 아버지인 사도세자의 능사(陵寺)로 창건된 용주사에서 간행된 것으로[57] 정조의 명에 따라 언해하고 많은 지원을 받은 점을 생각하면 관료가 서사했거나 아니면 관료의 도움을 받아 만들었을 수 있다. 따라서 관료가 서사했을 경우를 가정한다면 그 당시 관료가 쓰던 궁체 정자의 형태는 이러한 모습일 가능성이 높다.[58]

이후에도 궁체로 간행된 판본을 볼 수 있는데『태상감응편도설언해(太上感應篇圖說諺解)』[59](1880),『고종윤음(高宗綸音)』[60](1881),『경석자지문(敬惜字紙文)』[61](1882) 등을 들 수 있다. 이들 글꼴에서도 종성 'ㄴ,ㄹ'에서 관료서체의 특징이 나타남을 볼 수 있다.

56 　현대의 궁체 정자에서 종성 'ㄴ'은 반달맺음을 기본으로 사용하고 있다.

57 　윤형두,「옛 책의 한글판본」, 범우사, 2003, p.180.

58 　반대로 용주사에서 자체적으로 서사한 후 간행했다하더라도 당시의 정황상으로 볼 때 관료의 궁체 정자의 영향이 있었을 가능성이 높다. 다시 말해 관료의 궁체 정자가 민간에까지 영향을 준 사례라고 할 수 있는 것이다.

59 　디지털 장서각, K3-186.

60 　본래 제목은「어제유대소신료급중외민인등척사윤음(御製諭大小臣僚及中外民人等斥邪綸音)」이다.(디지털 장서각, K2-1867.)

61 　홍윤표,「국어사문헌자료연구」, 태학사, 1993, p.20. 도판참조.

3부

궁체의 형성

1. 궁체의 형성 – 궁체 정자

앞에서 관료서체의 형성과 흐름에 대해 설명하였다. 관료서체는 자체적으로 관료서체의 맥을 이어가는 동시에 한편으로는 한글의 전반적인 글꼴 형성에 영향을 미치게 된다. 궁체도 여기서 예외는 아니다. 여기에서는 관료서체가 궁체 형성 과정에 미친 영향과 역할 그리고 궁체 정자의 형성에 대해 살펴보도록 하겠다.

훈민정음 창제 이후 글꼴의 혁신적인 변화를 이루었던『홍무정운역훈』과『월인석보』권두(卷頭)에 실린「훈민정음언해본」의 글꼴이 궁체의 모태가 됨을 앞에서 이야기 했다. 이후 이들의 글꼴 특징을 그대로 이어 받은『상원사중창권선문』은 관료서체를 대표할 뿐만 아니라 궁중의 공식 서체로써의 역할도 담당했음을 살펴보았다. 이에 대해 학자들 사이에 이견은 없는 것으로 보인다.

훈민정음의 자형에서 실용에 쓰인『권선문』의 자형이 초기 관서의 자형이었다고 본다면 이러한 자형은 궁내의 모범적인 한글 자형으로 궁내의 남성사관이나 지밀 서사궁녀들도 이러한 자형을 모본으로 삼아 필사를 하였다고 할 수 있다.[1]

---

1   최영희, 「『뎡미가례시일긔』의 서예미학적 연구」, 성균관대학교박사학위논문, 2010, pp. 63~64.

1464년 「상원사중창권선문」에서 비롯된 한글 필사는 왕후의 수렴청정으로 인해 궁체 발전에 공헌을 하게 된다.[2]

『상원사중창권선문』으로 대표되는 초기 관료서체는 궁 안팎으로 한글을 사용하는 이들에게 적지 않은 영향을 주었을 것으로 보이는데, 조정관서는 물론 내전에 까지도 그 영향이 미쳤으리라 추정된다. 당시 한글이 창제 된지 불과 십 수 년 밖에 지나지 않았을 뿐더러 한글 글꼴의 변화를 주도적으로 이끌어간 사람들이 관료[3]임을 생각해 봤을 때 내전에서도 관료서체를 받아들이고 이를 사용했을 것은 당연한 이치라 생각된다.

특히 관료서체가 내전의 한글 글꼴에 직접적으로 영향을 미쳤을 것으로 생각되는 일이 발생하게 되는데 그것이 바로 수렴청정이다. 세조 비 정희왕후의 수렴청정은 1469년부터 1476년까지 햇수로 8년간 이루어지는데 수렴청정을 거두어들일 때 대신들에게 이를 언서로 전하고 있다.[4] 수렴청정 이후에도 정희왕후는 연산군의 생모인 윤씨의

---

2 박정숙, 「조선의 한글편지」, 다운샘, 2017, p.81.

3 세종은 훈민정음 창제 후 이의 확산을 위해 이과와 이전을 뽑는데 있어 훈민정음을 조금이라도 아는 자를 뽑으라는 명을 내린다.(세종실록 114권, 세종 28년 12월 26일 기미기사. 이조에 전지(傳旨)하기를, "금후로는 이과(吏科)와 이전(吏典)의 취재(取才) 때에는 《훈민정음(訓民正音)》도 아울러 시험해 뽑게 하되, 비록 의리(義理)는 통하지 못하더라도 능히 합자(合字)하는 사람을 뽑게 하라."하였다. (傳旨吏曹 今後吏科及吏典取才時, 訓民正音, 竝令試取。雖不通義理, 能合字者取之.) 이러한 명은 훈민정음이 널리 유포되어야 가능한 일이다. 따라서 한글은 창제당시부터 우리가 생각하는 것보다 많은 사람들이 사용했을 가능성이 있다. 세조 또한 대군시절부터 한글창제와 확산에 깊이 관여하고 왕위에 오른 후에도 이러한 정책을 이어간 것을 보면 당시에 한글의 확산이 많이 이루어졌으리라 생각할 수 있다. 이에 대한 다수의 실록 기록이 이를 뒷받침해준다. 이러한 정황으로 봤을 때 한글 글꼴의 형성과 변화에 관료의 역할이 매우 중요했음을 알 수 있다.

4 성종실록 63권, 성종 7년 1월 13일 무오기사.

잘못을 언문으로 낱낱이 적어 권경우를 징계하라는 글을 내리기도 하였다.[5]

　중종 비 문정왕후는 1545~1553년까지의 수렴청정 기간 동안 막강한 권력을 휘두른 것으로 유명하다. 특히 문정왕후는 수렴청정 초기부터 언문을 사용하였던 것으로 보이며,[6] 임종 전 마지막 유교를 언문으로 내렸다는 기록이 있다.[7] 명종비 인순왕후는 1567년 명종이 승하한 후 약 8개월간 수렴청정을 하였다. 인순왕후의 경우 수렴청정 기간에는 한글을 사용한 기록이 없으나 실록에 따르면 중전으로서의 정무를 한글로 하고 있었음을 볼 수 있다.[8] 이렇듯 정희왕후 때부터 수렴청정이라는 정치적 과정을 거치면서 내전에서의 한글 사용이 이전 시기보다 활발해졌음을 확인할 수 있다.

　수렴청정 기간 동안 왕후들과 조정 관료들과의 논의 과정을 들여다보면 한글과 한문의 교차번역이라는 번잡한 과정을 통해야만 했다. 즉 왕후가 한글로 의지(懿旨)를 내리면 조정관서에서는 이를 한문으로 번역하고, 반대로 조정관서에서 왕후들에게 올리는 한문으로 된 공문서는 다시 한글로 번역하는 과정을 거쳐야 했던 것이다.[9] 이 과정에서

5　성종실록 144권, 성종 13년 8월 11일 정미기사.

6　명종실록 1권, 명종 즉위년 7월 21일 신사기사. 왕대비가 언서(諺書) 두 폭을 빈청(賓廳)에 내렸는데, 하나는 평소 궁중에서의 가언(嘉言)·선행(善行)이요, 또 하나는 임종할 때의 유언이었다. 영의정 윤인경 등이 눈물을 흘리며 오열하느라 차마 읽지 못하였는데 즉시 승지 송기수(宋麒壽)와 최연(崔演)에게 부탁하여 문자(文字)로 번역하게 하였다.

7　명종실록 34권, 명종 22년 3월 12일 정묘기사.

8　명종실록 31권, 명종 20년 9월 15일 무신기사부터 9월 19일 임자기사에 이르기까지 대신들과 언서로 논의한 사실이 기록되어 있다. 다만 수렴청정 기간에는 한글을 사용했다는 기록이 보이지 않는다.

9　명종실록 1권, 명종 즉위년 7월 25일 을유기사. 영의정 윤인경, 좌의정 유관, 좌찬성 이언적, 우찬성 권벌, 좌참찬 정옥형, 우참찬 신광한 등이 임금이 처음 즉위하였다 하여 10개 조항의 경계문을 올렸는데, 2통으로 나누어 썼다. 하나는 언문으로 풀어서 자전에게 올리는 것이었고 하나는 대전에게 올리는

자연히 관료서체가 내전으로 들어가 영향을 미치게 되었을 것은 자명한 일이다.

그리고 이미 내전에서는 훈민정음 창제 이후 한글의 사용[10]이 자연스레 이루어지고 있었고 이에 따라 당시의 공식서체인 관료서체를 사용했을 것은 짐작하기 어렵지 않다. 당시의 전반적인 한글 사용 상황을 봤을 때 내전에서 따로 서체를 만들어 사용했다거나 하는 일은 설정 자체가 힘들기 때문이다. 이에 대해서는 학자들의 견해도 마찬가지임을 앞서 살펴보았다.

결국 수렴청정으로 인해 관료서체가 공식적으로 내전에 들어갈 수있게 됨에 따라 관료서체를 내전 글씨의 본보기로 삼은 후 연습을 통해 이를 익히고 사용했을 가능성이 매우 높다. 내전에서 서사된 것으

것이었다. (領議政尹仁鏡、左議政柳灌、左贊成李彦迪、右贊成權橃、左參贊丁玉亨、右參贊申光漢, 以上初卽位, 進戒十條, 分書爲二通。一則以諺解之進于慈殿, 一則進于大殿)

10 『단종실록』 원년 4월2일 기축기사에 언문편지에 관한 내용이 나온다. 여기에 등장하는 인물을 보면 최상층인 비빈, 관직에 있는 별감 그리고 최하층인 궁녀, 방자까지도 언문을 이해하고 있었던 것으로 파악된다.(한소윤, 「한글 궁체의 변모 양상에 관한 연구」, 원광대학교 박사학위논문, 2013, p.53.) 또한 『능엄경언해』(1461년) 어제발(御製跋)에 세조가 구결을 달고 정빈 한씨가 구결이 현토(懸吐)된 문장을 읽고, 상궁 조두대가 어전에서 소리 내어 읽는 것으로 『능엄경』의 번역을 마친 것으로 기록되어 있다.(김무봉, 「조선 전기 언해 사업의 현황과 사회 문화적 의의」,『동악어문학58』, 동악어문학회, 2012, pp.20~21.)

음을 확인할 수 있는 글꼴의 형태가 많이 보이는 것도 이 때문일 것이다. 따라서 현전하는 문헌에서 관료서체의 영향이 보이는 것은 이상한 일이 아니라 오히려 당연한 일이라 할 수 있다.

　글씨는 살아있는 생물과도 같아서 시대와 사회, 사상과 미감이 변화함에 따라 글씨도 변모한다. 초기 음운체계의 공간배분에서 점차 조형체계로의 공간배분으로 글꼴이 변화하는 것도 이러한 이유 때문이다. 앞서 관료서체의 흐름에서도 살펴보았듯이 내전에서 사용하던 서체들도 관료서체와 똑같은 변화의 과정을 거치게 된다. 즉 'ㅣ'모음이 길어지면서 이에 따라 글자의 무게중심이 우측으로 이동하는 양상을 띠는 것이다. 또한 초성은 'ㅣ'모음에 비해 현격하게 작아지고, 종성은 초성만큼은 아니지만 작게 줄어드는 변화를 보인다. 어떻게 보면 관료서체가 변화함에 따라 내전에서 사용하는 서체도 같이 변화하는 모습을 보였다고 볼 수도 있다.

　이러한 글꼴의 변모 양상은 선조 대에 이르러서는 점차적으로 'ㅣ'축으로 글자가 정렬하는 형태를 보이게 된다. 'ㅣ'축으로의 정렬 현상은 글꼴의 변화에 있어 커다란 분기점이라 할 수 있는데 선조대의 이러한 정렬 현상은 특정한 서체를 형성시키는데 매우 중요한 역할을 담당했다.[11]

　특정한 서체란, 기본적으로 가로획에서는 들머리와 맺음이, 세로획에서는 돋을 머리와 왼뽑음이 나타나며 글꼴은 세로로 긴 장방형의 형태를 갖추고, 'ㅣ'축을 맞추게 되면서 관료서체의 주된 특징 중 하나인 종성 'ㄴ,ㄹ' 등을 제외한 초성과 종성을 종속화 시키는 경향이 강하게

11　관료서체의 흐름 중 「선조국문유서(宣祖國文諭書)」 참조.

나타나는 특징이 보이는 서체를 말한다. 그리고 이 특정한 서체는 점차적으로 일정한 형식과 격식을 갖추어 나가며 정형화를 이루게 된다. 이렇게 하여 하나의 서체로 정립되는데, 이것이 바로 '궁체 정자'다.

이와 같은 궁체 정자의 형성과정을 단적으로 보여주는 예로 현전하는 문헌 중「숙명공주언간(淑明公主諺簡)」(1652~1659),「명성대비전유(明聖大妃傳諭)」(1680),「무목왕정충녹(武穆王貞忠錄) 영조치제문(英祖致祭文)」(1730년 이후) 등을 들 수 있다.[12] 아울러 민간에서도 이러한 글꼴이 사용되고 있음을「초계정씨단자」(1689),「광산김씨상언」(1727),「기일록」(19세기) 등의 문헌에서 찾아볼 수 있는데 당시 궁체 정자의 형성과 확산을 잘 보여준다고 하겠다.

결국 '궁체 정자'는 수렴청정으로 내전에서 한글 사용이 확산됨에 따라 관료서체를 수용해 사용하던 내전의 한글 서체와 관료서체가 정형화의 단계를 거치면서 정립된 서체라 말할 수 있다.

궁체 정자는 다시 서사 주체에 따라 관료의 궁체와 서사상궁의 궁체로 구별할 수 있다. 관료의 궁체 정자와 서사상궁의 궁체 정자는 19세기에 이르면 확연한 차이를 보이는데, 대표적인 차이로 서사상궁의 궁체 정자에서는 종성 'ㄴ,ㄹ' 등에서 반달맺음을 사용하고 있는 것을 볼 수 있다. 18세기 이후 서사상궁의 궁체 정자를 대표할 수 있는 문헌은『산성일기』,『역대기년』그리고『옥원중회연』,『낙성비룡』등의 낙선재본 소설류를 꼽을 수 있으며, 관료의 궁체 정자로는『어제경세문

---

[12] 현재 전하지는 않지만 사진으로 남아있는 인목왕후「술회문」에 나오는 글꼴에서도 이를 확인할 수 있다.(박정숙, 앞의 책, p.247. 도판참조.)

답(御製警世問答)』, 『어제경세문답쇽녹(御製警世問答續錄)』, 『대왕
대비뎐가샹존호칙보친전의(大王大妃殿加上尊號冊寶親傳儀)』 등을 들
수 있다.

2. 궁체 정자 대표 문헌의 글꼴 분석

여기서는 대표적으로「숙명공주언간」,「명성대비전유」,「무목왕정 충녹 영조치제문」그리고『어제경세문답』,『어제경세문답속녹』의 글 꼴에 대해 간략하게 살펴보도록 하도록 하겠다. 먼저「숙명공주언간」 (1652~1659)[13]의 글꼴은 가로, 세로획에서 들머리, 맺음, 돋을머리 왼 뽑음이 보이며, 종성 'ㄴ,ㄹ'에서는 관료서체의 특징이 그대로 나타나 고 있다. 즉 종성 'ㄴ,ㄹ'의 공간 배분을 크게 하고 그 형태도 마지막 획 을 꺾는 운필법을 사용해서 방향 전환 후 획 두께 변화 없이 평평하게 진행하다 맺음으로 마무리하고 있는 것이다. 'ㅣ'모음은 길게 처리하 고 있어 글자의 중심축이 대체적으로 'ㅣ'축 정렬을 이루고 있다. 특이 한 점은 초성 'ㅇ'을 크게 하고 있어 글꼴을 마주했을 때의 첫 인상이 귀엽다는 느낌을 받는다.

「명성대비전유」(1680)는 명성대비가 송시열에게 출사를 권하는 언 간으로 글꼴은 가로, 세로획에서 들머리, 맺음, 돋을머리 왼뽑음이 보 이며, 세로로 긴 장방형의 형태를 갖추고 있다. 또한 전체적으로 'ㅣ' 축 정렬을 하고 있어 초성의 종속화 현상이 나타나고 있다. 이러한 종

---

13 숙명공주 글씨 우측으로 효종의 답신이 적혀있다. 즉 효종이 숙명공주의 문안 편지를 받고 그 편 지지 자체의 오른쪽 여백에 답장을 써서 그대로 보낸 것이다.(국립청주박물관,「숙명신한첩」, 2011, p.66~69.)

속화 현상은 궁체의 전형적인 특징이다. 반면 종성 'ㄴ,ㄹ'에서는 관료
서체의 형태가 그대로 남아있음을 볼 수 있어 궁체의 형성과정과 영향
관계를 볼 수 있는 중요한 자료다.

　중요한 자료인 만큼 그 서사의 진위(眞僞) 여부에 대해 다양한 의견
이 있다. 「명성대비전유」는 『한글, 소통과 배려의 문자』에는 명성대비
의 찬(撰)으로만 소개되어 있다.[14] 하지만 김일근은 『언간의 연구』에
서 명성대비 친필이 아니라 송시열의 가문에서 정밀하게 모사한 모작
이라 하고 있다.[15] 또한 박정숙은 친필이 아닌 모본(模本)이며 모본의
서사자로 광산 김씨(金氏)일 가능성을 제기하고 있다.[16]

　그런데 친필 또는 정밀한 모서, 모본이라는 주장의 진위 여부를 떠
나 이들의 주장을 그대로 받아들인다 하더라도 궁체의 형성과정에 미
친 관료서체의 영향관계는 그대로 남는다. 우선 대비의 글씨가 친필
혹은 정밀한 모서라면 이 서체가 관료서체의 영향을 받은 대표적인 자
료로써 관료서체가 내전의 글씨에 큰 영향을 미치고 있었다는 것을 방
증하는 것이 된다. 또한 대비나 왕후의 글씨는 상궁이 대필했을 것이
라는 대다수 학자들의 의견에 따라 이것이 만약 상궁의 대필이라면 이
역시 상궁의 궁체 정자에 관료서체가 많은 영향을 주고 있었다는 점
을 확인할 수 있게 된다. 혹 왕후의 명으로 관료가 이를 대필했다면 관
료의 궁체 정자를 그대로 볼 수 있는 좋은 자료가 되며, 만약 박정숙의
주장처럼 광산 김씨의 글씨라면 관료서체의 영향을 받은 궁체 정자가
민간에게 까지 알려지게 된 계기가 된 것으로 볼 수 있다.

14　한국학중앙연구원, 『한글, 소통과 배려의 문자』, 2016, pp.158.
15　김일근, 『언간의 연구』, 건국대출판부, 1986, p.65.
16　박정숙, 앞의 책, p.262.

<궁체 정자 글꼴 비교>

숙명공주언간	라	문	안	오
명성대비전유	썰	션	원	칠
무목왕정충녹 영조치제문	셤	월	졔	춘
어제경세문답 (관료의 궁체)	문	슬	연	일
어제경세문답속녹 (관료의 궁체)	만	문	일	필

「무목왕정충녹 영조치제문」[17]은『무목왕정충녹』12권 가장 마지막에 서사되어 있다.『무목왕정충녹』은 낙서재본 소설로 1700년에 서사된 것으로 추정된다. 그 이유는 12권 말미 사성기(寫成記)에 '상장집서(上章執徐)'라는 고갑자(古甲子) 연도가 나오는데 상장집서는 경진년(庚辰年)을 일컬으며, 이 경진년의 연도를 1700년으로 추정하고 있기 때문이다.[18] 치제문은 영조가 1730년에 지은 것으로,[19] 이에 따라

---

17 디지털장서각, K4-6806.

18 이완우, 「장서각소장 한글자료의 필사시기」, 「한글, 소통과 배려의 문자」, 한국학중앙연구원 출판부, 2016. p.340.

19 승정원일기 713책 (탈초본 39책) 영조 6년 11월 11일 병자기사. 柳儼啓曰, 永柔縣諸葛武侯·岳武穆祠致祭祭文, 不書年號, 書以漢宋事, 命下矣。取考祝文, 則年號則書之, 漢·宋二字不書, 故依下敎, 以漢忠武侯諸葛公, 宋岳武穆王, 使之改書之意, 敢啓。傳曰, 知道.

「무목왕정충녹 영조치제문」의 글씨는 1730년 이후에 서사되었다고 볼 수 있다.

글꼴은 세로로 긴 장방형으로 세로획에서는 돋을머리와 왼뽑음을 보이고 있으며, 가로획에서는 들머리와 맺음을 보이고 있다. 종성에서는 마찬가지로 관료서체의 특징을 보이며 'ㅣ'축 정렬을 하고 있다. 위에서 살펴본 「명성대비전유」 글꼴보다 상당히 정제되어 있음을 볼 수 있다. 눈여겨보아야 할 점은 '가'의 'ㄱ'에서 오늘날의 궁체와 같은 반달머리 형태의 모습과 기울기 각도를 볼 수 있다는 점이다. 이는 곧 반달머리의 초기형태라 할 수 있다.

특이한 점은 일반적으로 낙선재본 소설은 세책가에서 들여온 소설을 제외하고는 대부분 서사상궁이 서사를 맡는다고 알려져 있다. 그런데 치제문이 낙선재본 소설 말미에 서사되어 있다는 것은 여러 의미를 가진다고 할 수 있다. 우선 치제문의 서사자가 서사상궁이라면 궁체 정자 정립에 있어 관료서체의 영향관계를 직접적으로 파악할 수 있는 증거가 될 뿐만 아니라 당시의 궁체 정자는 치제문과 같은 형태의 글꼴이었을 가능성이 높다.

다른 한편으로 서사상궁의 서사가 아닐 경우, 즉 치제문이 어제라는 특성을 고려하면 관료가 서사했을 가능성도 배제시킬 수 없다. 왜냐하면 영조가 열렬한 소설 독자[20]였다는 점, 또 악비(岳飛, 시호:무목(武穆))를 높이 평가하여 악비 사당에 신하를 보내 제사를 지내게 하

---

20   정병설, 「조선시대 소설의 생산과 유통」, 서울대학교출판문화원, 2016, p.164.
승정원일기 1163책 (탈초본 64책) 영조 34년 12월 19일 신미기사. 尙魯曰, 今聞更鼓之聲, 已三更矣. 昨夜旣不能徹宵穩寢, 今夜則請以臣所陳諺文小說冊, 爲就睡之資焉。上曰, 諺文非就睡之道, 眞書卽就睡之道也.

고 제문을 직접 짓기까지 한 것. 그리고 제문을 언해하는 과정을 거쳐야만 서사가 가능했을 것 등으로 비춰 보았을 때 관료가 서사했을 것으로 보는 추론도 가능하다고 생각한다. 글꼴에서 '一', 'ㅣ'모음, 즉 가로획, 세로획이 불규칙적으로 제각각이며, '셔'의 'ㅅ'의 땅점이 좌하향 삐침으로 서사된 점 등 관료서체의 특징이 그대로 보이고 있는 점을 봐서도 그렇다.

『어제경세문답언해(御製警世問答)』[21](1762추정)는 영조가 자성(自省)의 뜻으로 수신, 제가, 치국과 자신의 생활관, 통치관에 대해 문답식으로 자술(自述)한 책이다. 이와 달리『어제경세문답속녹언해(御製警世問答續錄)』[22](1763추정)는 제목으로만 보면『어제경세문답언해』의 속편이나 내용은 자신이 늙었음을 한탄하며 추모와 회고담으로 되어 있다. 이들의 필사 시기는 알 수 없으나 한문본이 간행된 직후이거나 아니면 얼마 지나지 않아 필사되었을 것으로 추측된다.[23]

이 두 책 모두 장마다 테두리(광곽匡郭)를 주묵으로 정교하게 그린 후 그 안에 10줄로 서사되어있고 서체는 한 사람이 쓴것처럼 닮아있다. 글꼴은 전체적으로 정방형이며 상당히 정제되어 있고 또 온 정성을 들여 쓴 듯 획마다 흐트러짐이 보이지 않는다. 하지만 내려 긋는 세로획 'ㅣ'모음에서 기울기가 약간씩 어긋나는 것도 볼 수 있다. 가로, 세로획에서 돋을머리, 왼뽑음, 들머리, 맺음이 우리가 익히 알고 있는 궁체의 기본 획 형태로 서사되어 있다. 반면 종성이 있는 글자에서는

---

21 디지털장서각, K3-697과 한국정신문화연구원 장서각, 「우리 한글의 멋과 아름다움」, 다할미디어, 2004, p.9. 도판참조.

22 디지털장서각, K3-63과 한국정신문화연구원 장서각, 위의책, p.13. 도판참조.

23 신성철, 「장서각소장 영조 어제언해서류(2)-「어제경세문답(언해)」, 「어제경세문답속록(언해)」, 「어제조훈(언해)」, 「어제(언해)」를 중심으로」, 「장서각소장 한글필사자료 연구」, 태학사, 2007, p.89.

기존 관료서체의 형태와 특징을 고스란히 볼 수 있다.

글자의 크기와 행간의 간격은 약 1:1.4로 맞추어 행간을 넓게 잡음으로써 가독성을 한층 높이고 있다. 특히 세로획 'ㅣ'모음은 종성의 유무를 떠나 길이의 차이를 별로 주지 않고 있어 일정하게 고정된 길이를 갖게 했으며 'ㅣ'축을 중심으로 정렬하고 있다. 이렇게 'ㅣ'축을 맞추고 있음에도 불구하고 정방형의 글꼴 형태와 종성에서 보이는 관료서체의 특징 때문에 글자의 무게중심은 'ㅣ'축이 아닌 중앙에 가깝게 위치하고 있는 특징을 보인다.

특히 'ㅣ'모음 세로획은 독특한 특징을 여럿 볼 수 있다. 우선 돋을머리는 붓이 닿자마자 그대로 내려온 듯 상당히 얇게 형성되고 있는 획들이 많다. 그리고 돋을머리에서 기둥부분으로 내려오면 배가 불룩 나온 것처럼 두께가 살짝 두꺼워지는 획들이 상당수 보인다. 그리고 이 부분에서 안쪽으로 살짝 휘어진 후 다시 오른쪽 바깥으로 휘어진 후 빠져 나가는 획도 종종 볼 수 있다. 마무리 부분에서는 왼뽑음도 볼 수 있지만 이와 정반대로 오른쪽으로 뽑아져 나가는 획도 빈번하게 나타난다. 또 오른쪽으로 뽑아져나가다가 붓끝만 다시 왼뽑음을 하는 경우도 있다. 이는 서사상궁의 궁체에서는 좀처럼 보기 힘든 획의 형태다.

이렇게 보면 『어제경세문답언해』과 『어제경세문답속녹언해(御製警世問答續錄)』에 나타나는 'ㅣ'모음의 특징은 관료의 궁체 정자에서 나타나는 공통된 현상이라 할 수 있으며, 영조시기에 관료가 서사한 궁체의 대표적 특징 중 하나로 꼽을 수 있겠다. 그리고 이러한 특징은 관료의 궁체와 서사상궁의 궁체를 구분하거나 판별할 때 기준이 되는 잣대가 될 수 있을 것으로 본다.

이외에 장서각에 1867년 신정왕후(神貞王后) 존호(尊號)를 가상할 때 의식절차를 기록한『대왕대비뎐가샹존호칙보친젼의』[24]와 1890년 신정왕후의 존호를 가상할 때 기록된『대왕대비뎐가샹존호칙보친젼의』[25]가 있다. 표제가 '젼'과 '젼'으로 다르게 되어 있어 구별이 가능하며 글꼴 또한 완전히 다름을 알 수 있다. 두 문헌 모두 궁체 정자로 분류할 수 있다. 다만『대왕대비뎐가샹존호칙보친젼의』의 경우 관료 서체의 필사체로도 분류가 가능해 보인다. 'ㅣ'축의 정렬이나 글자의 무게중심 그리고 글자의 자소에서 나타나는 획의 꼴이 완벽한 궁체라고 보기는 어렵기 때문이다.

---

24   디지털장서각, K2-2802.
25   디지털장서각, K2-2801.

3. 궁체의 형성 – 궁체 흘림

궁체 흘림은 16, 17세기 왕과 왕비의 한글 편지가 전해지고 있어 궁 안에서의 흘림체 사용을 파악하는데 어느 정도 도움을 받을 수 있다. 또한 이들 자료를 통해 왕 뿐만 아니라 왕비들의 서사 능력도 대필여부를 떠나 상당한 수준에 올라있음을 확인할 수 있다. 다만 이 시기에 나타나는 흘림체가 이미 어느 정도 완성되어 있는 완성형 서체[26]로 볼 수 있어 궁체 흘림의 형성과정을 파악해 내기란 쉬운 일이 아니다. 하나의 서체 형성과정을 파악하기 위해서는 단계별 시기의 자료나 글꼴의 변화 과정을 볼 수 있는 자료가 있어야 한다. 그런데 현재 전하고 있는 필사자료는 일정시기에 공백[27]이 있어 궁체 흘림의 형성과정을 연구하고 이를 파악하는데 어려움을 느낄 수밖에 없다. 그나마 다행이라 여겨지는 것은 선조에서 인조시기에 현전 자료를 통해 글꼴의 급격한 변화를 볼 수 있어 '궁체 흘림'의 형성과정을 추정하는데 도움을 받을 수 있다는 점이다.

---

26 현전하는 민간의 자료를 살펴보면 이미 선조(宣祖)시기 이전에 한글을 흘려서 쓰는 흘림체의 사용이 보편화되었다고 해도 과언이 아니다. 이로 볼 때 한글 창제 이후 실용화의 과정에서 흘림체가 이른 시기부터 사용되었을 가능성도 추정해 볼 수 있다. 다만 획의 축약과 생략의 서사법은 선조 시기 이후에 나타나고 있다.

27 현재 『상원사중창권선문』이후 약 100년에 이르는 동안 궁에서 사용된 한글 필사자료를 찾아 볼 수 없어 이 시기는 빈 공백으로 남아있다.

여기서는 왕과 왕후의 자료를 중심으로 궁체 흘림의 형성과정에 대해 살펴본 후 관료와 서사상궁의 궁체 흘림에 대해 알아보도록 하겠다. 특히 1755년에 필사된 『천의소감언해』를 통해 현전 자료 최초로 서사자가 확인 된 관료의 궁체 흘림을 파악할 수 있으므로 이에 대해 자세히 알아본다. 또한 『천의소감언해』 필사년도를 기준으로 서사주체별 궁체 흘림이 어떠한 양상으로 변모되어 가는지 그리고 또 어떻게 정립되었는지에 대해서도 살펴보기로 한다.

궁체 흘림의 형성과정을 살펴보는데 있어 가장 먼저 해야 할 일은 왕실의 언간 글꼴을 비교해서 특정한 변화를 찾아내는 일이다. 이를 위해 현전하는 자료로 왕의 친필자료로는 선조(1552~1608)와 효종(1619~1659)의 언간 그리고 왕후의 친필자료로 전해지는 인목왕후(1546~1632)와 장렬왕후(1652~1688), 인선왕후(1660~1674)의 언간을 비교 고찰해 보도록 하겠다.[28]

우선 선조가 정숙옹주에게 쓴 언간(1603)[29]을 보면 'ㅣ'모음이 길어지면서 'ㅣ'축의 형성이 이루어지고 이에 따라 글자의 정렬이 'ㅣ'축으로 정렬되는 모습도 볼 수 있다. 단, 글자의 무게중심이 중앙과 'ㅣ'모음 사이에서 계속해서 움직이고 있어 'ㅣ'축 정렬이 완벽히 정착되었다고 할 수는 없다. 'ㅣ'축으로의 정렬에 대한 시도와 의도가 나타났다고 볼 수 있을 뿐이다. 이는 사진으로만 전하는 인목대비의 언간에서도 확인 할 수 있다. 인목대비가 인조반정(1623) 직후 쓴 것으로 추정

---

28 왕후들의 언간은 친필 자료로 전해져 내려오기는 하나 이를 친필로 단정 짓기에는 몇몇 의심스러운 정황이 있다. 하지만 여기에서는 글꼴의 변화를 살펴보는 것이 주요한 일이라 우선 기존의 관례에 따라 친필로 소개하였다.
29 선조의 언간은 관료서체의 특징을 보이는 정자체로 되어 있다.

되는 언간을 보면 글자의 무게 중심이 중앙과 'ㅣ'모음 사이를 오가고 있는 것을 확인할 수 있다.

그런데 선조 이후의 언간에서 갑자기 조선 후기에서나 볼 법한 진흘림체가 등장한다. 바로 효종의 언간이다.[30] 이 한글 편지는 효종이 봉림대군 시절 소현세자와 함께 심양에 볼모로 가 있던 1641년(인조 19)에 장모 안동김씨에게 보낸 편지다.

이 편지의 글꼴을 살펴보면 '하옵', '보옵고' 등에서 'ㅇ'을 짧은 가로획으로 생략화한 후 이를 후속 획들과 계속 이어서 쓰는 진흘림 형태를 보이고 있다.[31] 이처럼 진흘림의 글꼴이 사용되었다는 것은 효종 언간 이전 시기부터 구성원들 사이에 서사방법과 읽는 법에 대한 사회적 약속과 합의가 있었다는 것을 의미한다. 즉 한글을 사용하는 구성원들 간에 획의 생략과 축약에 대한 사전 약속이 이루어진 후에야 비로소 쓰기가 가능한 방법인 것이다. 만약 구성원들 사이에 이와 같은 약속과 합의가 없었다면 가독성의 문제로 인해 글자의 획을 생략하거나 축약해서 쓰는 서사방법은 절대로 사용될 수 없었을 것이다.

이러한 사회적 약속은 어느 한 순간 혹은 어느 절대자의 명령에 따라 갑자기 이루어질 수 없다. 한글을 사용하는 구성원들 사이에서 오랜 시간에 걸쳐 점차적으로 서사법을 형성해 나가고 또 이에 대한 서로의 공감이 이루어졌을 때 비로소 가능한 일이다.

30　김일근 소장으로 1991년 〈한글서예변천전〉에 소개된 언간이다.(예술의 전당, 「한글서예변천전」, 예술의 전당, 1991, p.24.와 예술의 전당, 「조선왕조어필」, 우일출판사, 2002, pp. 50~51. 도판참조.)
31　효종의 언간에 대한 해제와 판독은 「조선시대 한글편지 판독자료집3」을 참조했다. (황문환외 4명, 「조선시대 한글편지 판독자료집3」, 도서출판 역락, 2013, pp.605~607.

선조언간	효종언간 (봉림대군시절)	인목대비언간 (선조계비)	장렬왕후언간 (인조계비)	인선왕후언간 (효종비)
글월보고도도거스그방이 려흥노라분별말라죠	*(궁체 흘림 필사)*	*(궁체 흘림 필사)*	*(궁체 흘림 필사)*	*(궁체 흘림 필사)*

이렇게 볼 때 효종의 언간에서 보이는 획의 생략, 또는 획을 축약하는 서사법은 선조에서 인조에 이르는 기간 동안 사회적 합의를 통해 형성되었다고 할 수 있다. 아울러 인조 시기에 이르면 글꼴의 형식화와 정형화가 이미 과도기 단계를 지나 어느 정도 완성되어가는 단계에 이르고 있음도 볼 수 있다. 결국 이 모든 변화의 양상을 효종의 언간이 극명하게 보여주고 있다고 하겠다.

이러한 변화는 인목대비(선조 계비)가 쓴 언간과 장렬왕후(인조 계비)·인선왕후(효종 비)의 언간을 비교했을 때도 똑같은 변화가 나타나고 있음을 발견할 수 있다. 즉 인목대비 언간은 자유로운 분위기의 흘림체로 개성이 두드러지게 드러날 뿐 규정화된 형식이나 규칙적인 획의 사용, 혹은 정형화된 글꼴은 찾아 볼 수 없다. 반면 장렬, 인선왕후 언간에서는 초, 중, 종성의 형태와 가로, 세로획이 일정한 규칙을 가지고 서사되었으며, 이 규칙이 하나의 형식을 이루고 있다.

또 하나, 두 왕후의 언간에서는 초성과 종성이 'ㅣ'모음에 종속되고 있으며 이와 동시에 'ㅣ'축 정렬을 이루고 있음을 볼 수 있다. 이는 인목대비 언간에서는 찾아 볼 수 없는 현상으로 글꼴의 시대 구분에 있어 이전 시기와 이후시기로 나눌 수 있는 분기점 역할을 한다고 하겠다. 특히 'ㅣ'축 정렬과 초, 종성의 종속화 현상은 궁체 성립에 필요한 필수 요건이라 할 수 있는데,[32] 두 왕비의 언간에서도 이와 같은 특징들이 그대로 나타나고 있는 것으로 볼 때 궁체 성립에 필요한 요건을

---

32 'ㅣ'축 정렬과 초, 중성의 종속화 현상은 궁체 성립의 핵심 필수 요소라 할 수 있다. 이에 대해 김세호는 "즉 왕후들의 글씨는 바로 오른쪽에 있는 중성 ㅣ를 한 수직축으로 하고, 초성과 종성의 오른쪽 ㅣ성분을 같은 수직축으로 하는 조형체계의 정형화였다고 할 수 있다. 우리는 이 정형화를 '궁체'로 불러왔는데..."라고 말하고 있다.(김세호, 「조선중기」, 「조선시대 한글서예」, 미진사, 1994, p. 80.)

충족시키고 있음을 확인할 수 있다. 따라서 장렬·인선왕후의 언간을 시작으로 이후 현전하고 있는 왕후들의 언간들이 궁체의 성립요건을 갖추고 있다면 이를 궁체로 분류하는데 있어 전혀 무리가 없을 것으로 본다.[33]

이상과 같이 살펴본 바에 의해 "'궁체 흘림'은 선조에서 인조에 이르는 기간 동안에 글꼴의 형식화, 정형화의 과정을 거치면서 형성되었다."고 말할 수 있다.

이후 궁체 흘림은 숙종 시대에 안정화, 완성화 단계를 거치며 영·정조 시대에는 절제되고 정제된 궁체로 변모하는데, 이 시대에 완전한 체계화의 정립이 이루어진 것으로 판단된다. 궁체 흘림의 대표적인 예로는 관료가 서사한『천의소감언해』,『어제속자성편(御製續自省編)』,『어제조훈(御製祖訓)』,『어제언문(御製諺文)』,『자경전진작정례의궤(慈慶殿進爵整禮儀軌)』,『뎡니의궤(정리의궤整理儀軌)』,『정미가례시일기(丁未嘉禮時日記)』를 들 수 있다. 서사상궁의 궁체 흘림으로는 낙선재본 소설류와「명성왕후 언간」,「인현왕후 언간」등을 들 수 있다.

순조에서부터 고종 시대에 이르기까지 궁체는 오늘날 볼 수 있는 모든 특징들을 갖추게 된다. 이에 따라 현대 궁체의 완성 시기라 볼 수 있으며 또 궁체의 황금기라 부를 수 있다. 대표적으로는「순원왕후 언

---

33 이와 반대로『궁체이야기』,『조선왕조실록으로 보는 한글 궁체사』에서는 왕후들의 글씨를 궁체라 하는 것은 잘 못된 것이라 주장하고 있으며, 이에 따라 왕후들의 친필로 전해지는 글씨 또한 궁체로 분류하지 않고 있다. (박정자외 4인,『궁체이야기』, 도서출판 다운샘, 2001, p.21., 한국한글서예연구회,『조선왕조실록으로 보는 한글 궁체사』,도서출판 다운샘, 2009, pp.49~59. 참조.)

간」에서「명성황후 언간」,「순명효황후 언간」에 이르는 언간들과 각
종 발기류, 낙선재본 소설류,『뎡미가례시일기』등을 꼽을 수 있다.

4. 궁체 흘림 대표 문헌의 글꼴 분석

가. 관료의 궁체 흘림과 『천의소감언해』

여기서는 관료의 궁체 흘림으로 대표되는 문헌인 『천의소감언해』를 중심으로 살펴본 후 『천의소감언해』 외에 관료가 서사한 궁체 흘림으로 판단되는 문헌을 간추려 이들의 글꼴에 대해 알아보도록 하겠다.

먼저 관료의 궁체 흘림을 대표할 수 있는 문헌은 역시 『천의소감언해』(1755)라 할 수 있다. 이 문헌은 앞에서도 살펴보았듯이 현재까지 관료 서사자 4인의 명단을 확인할 수 있는 유일한 문헌이기 때문이다. 『천의소감언해』는 본문 부분에 궁체 흘림으로 서사되어 있는데 『闡義昭鑑諺解一』의 「범녜」와 「권지일샹」이, 『闡義昭鑑諺解二』에 「권지일하」, 「권지이」가, 『闡義昭鑑諺解三』에 「권지삼」, 「권지ᄉᆞ」, 『闡義昭鑑諺解四』에 「권지ᄉᆞ하」가 이에 해당한다.

『천의소감언해』는 서사자에 따라 총 4부분으로 나눌 수 있는데 이를 동일서체별로 분류하면 ①「범녜」, 「권지일샹」 ②「권지일하」, 「권지ᄉᆞ하」 ③「권지이」 ④「권지삼」, 「권지ᄉᆞ」로 나눌 수 있다. 이들을 이렇게 분류할 수 있는 근거는 각각의 서사된 글꼴 특징에 기인하는데 이를 간략히 살펴보면 다음과 같다. ①과 ②는 'ㅎ'의 하늘점 각도가 서로 상이함을 확인할 수 있다. ①과 달리 ②의 'ㅎ'의 하늘점은 일률적으로 거의 수평에 가깝게 처리하고 있는 특징을 보인다. ③은 'ㅎ'의 각도가 다시 우하향으로 약 45° 정도를 유지하며 세로획의 돈을머리가

①과 달리 상당히 강하게 꺾여 내려온다. ④는 'ㅎ'의 하늘점이 맺는 부분에서 붓끝을 빼는 특징을 보이며 앞의 ①, ②와 다른 글씨체라는 것을 한 눈에 봐도 알 수 있다.[34]

〈『천의소감언해』 궁체 흘림 글꼴〉

범녜	권지일상	권지일하	권지이

---

34 『천의소감언해』 궁체 흘림의 글꼴 분석은 홍문각 영인본(1983)을 위주로 했으며, 규장각원문검색 서비스의 『천의소감언해』(奎1118-v.1-4)를 교차 자료로 활용하였다.

권지삼	권지수	권지수하
천의쇼감권지삼 소년신부삼월의역젹년좌희랑칠 너왕셔토뎡호고모든역젹이라북	천의쇼감권지수 삼십일년을이월의젹주를란찰소 갑신이묘졍의둑소여뵉셩이료단의의변 쌕죽겨명호노라호난말니잇더라	천의쇼감권지수하 오월의 편녁경라 셜졍이들 예 친킴슝오여시소 흘으셔이 흘시져

이를 보면 기본적으로 서사자가 각 권별 체제에 맞춰 순차적으로 맡아 서사를 진행했던 것으로 보인다. 그리고 4권 마지막 부분의 「권지수하」가 「권지일하」와 서체가 같은 점에서 볼 때 한 명의 서사자가 추가로 이 부분의 서사를 맡았을 것이다. 이러한 현상은 앞서 『천의소감언해』 관료서체 부분에서도 볼 수 있었던 현상이다.

한편 『천의소감언해』의 궁체 흘림 글꼴은 오늘날의 궁체 흘림 글꼴과 크게 다른 점을 찾아볼 수 없다. 다른 점이 있다면 가로획의 길이가 전체적으로 짧은 편이며 세로획의 돋을머리는 짧고 강하게 서사되어 있다는 정도다. 그리고『천의소감언해』궁체 흘림을 자세히 살펴보면 서사방법과 형식, 글꼴 등 모든 면에서 궁체 흘림이 이미 정립된 상태였음을 알 수 있다. 다시 말해 흘림의 필법, 즉 획의 연결과 이에 따른 붓의 운필, 글자의 결구 등에서 이미 완성형의 정형화된 형식과 글꼴이 사용되고 있는 것이다. 하나의 서체가 온전히 정립되기 전에 보이는 과도기적인 서체의 형태나 그에 따른 불완전함, 어색함을 여기서는 찾아볼 수 없기에 더 그렇다.

특이한 사항은『어제속자성편』(1759)의 글꼴과『천의소감』「권지일하」의 글꼴이 상당히 흡사하다는 점이다. 전체적으로 글꼴에서 나타나는 인상과 '셔'에서의 'ㅅ'의 형태, 받침 'ㄹ'의 공간배분 형태, 초성 'ㅇ'의 크기 등 흡사한 점이 하나둘이 아니다. 이는 여러 추측을 할 수 있게 만드는데 우선 동일인이 서사했을 가능성도 생각해 볼 필요가 있으며, 한편으로는 당시 관료들 사이에서 이러한 서체가 모본이 되어 이를 따라 쓰는 등의 연습을 통해 익히게 되었을 가능성도 있다.

『어제속자성편(御製續自省編)』[35](1759추정)은『어제자성편』의 후속편으로 심감(心鑑)을 읽고 느낀 점을 술회한 것으로 한문본을 언해한 것이다. 글꼴은 위에서 잠시 언급한 대로『천의소감언해』「권지일하」와 매우 비슷하다. 돋을머리 부분이 강하게 표현되어 있으며 종성 'ㄹ'의 반달맺음을 두껍게 처리함과 동시에 이 부분의 공간배분을 넓게 하고 있는 특징을 보이고 있다. 가로획을 짧게 하여 글꼴은 전체적으로 세로로 긴 장방형의 형태를 취하고 있다.

---

35   디지털장서각, K4-2758.

『어제조훈(御製祖訓)』[36]은 1764년에 한문본이 간행되었으므로 그 직후에 한글본이 만들어 졌을 것으로 추정하고 있다.『어제조훈』의 서체 분류는 엄격히 분류하고자 하면 궁체 반흘림이라 할 수 있다. 종성 'ㄴ,ㄹ,ㅁ'이 정자로 서사되어 있어 온전한 궁체 흘림이라 볼 수 없으나 이를 제외하고는 전체적으로 흘림의 기세가 강하게 표출되고 있다.

특히 'ㅇ'의 꼭지 부분은 위의 획에서 흘러내려오는 필획의 기세를 그대로 이어받기 위해 좌하향으로 그어져 내려오고 있는 특징을 보이며 글자와 행간의 간격을 1:2의 비율로 하여 가독성을 높이고 있다. 완벽한 'ㅣ'축 정렬도 여기에 한 몫을 더하고 있다. 글꼴은 한 치의 오차도 허용하지 않겠다는 듯 정밀한 공간배분과 결구를 보이고 있으나 간혹 'ㅣ'모음에서 기울기의 오차가 나타나고 있기도 하다. 특히 'ㅣ'모음은 전형적인 관료의 궁체에서 나타나는 특징[37]을 그대로 보이고 있으며 또한 종성 'ㄴ,ㄹ'에서도 관료 서체의 특징을 볼 수 있다.

『어제언문(御製諺文)』[38]은 1765년 필사되었을 것으로 추정되는데 책 제목에 한자 '御製'가 큰 글씨로 되어 있으며 밑에 작은 글씨로 '諺文'이 표기되어 있다. 그리고 그 밑에 한글로 '석년을튜모하야'라는 글이 작게 적혀있어『御製諺文석년을튜모하야』가 정확한 제목이라 할 수 있다. 글꼴은 언뜻 보면『어제조훈』과 동일인의 글씨라 해도 무방할 정도로 흡사하다고 볼 수도 있지만 두 문헌의 글꼴을 비교해보면 약간씩의 차이를 확인할 수 있다. 우선『어제언문』은 종성 'ㅁ'에서만 정자의 형태를 띠고 있으며, 'ㅎ'의 하늘점의 형태가『어제조훈』의

---

36   디지털장서각, K2-1882.
37   관료의 궁체 정자, 『어제경세문답속녹언해(御製警世問答續錄)』부분 참조.
38   디지털장서각, K4-3534.

'ㅎ' 하늘점과 전혀 다른 모양을 하고 있다. 초성 'ㄱ'의 형태도 서로 다르며, 'ㅣ'모음의 돋을머리가 『어제언문』에서는 더 정확히, 더 규칙적으로 써지고 있음을 볼 수 있다. 그리고 가로획의 맺음에서 『어제언문』에서만 보이는 독특한 맺음을 사용하고 있다. 가로획을 맺을 때 붓을 누른 후 붓끝을 아래 방향으로 툭 쳐내는 동작을 하고 있는 것이다. 이러한 맺음은 'ㅡ' 모음뿐만 아니라 종성의 자음에서도 많이 보이고 있는데 특이하게도 앞에서 살펴본 궁체 정자로 서사된 『어제경세문답』에서도 이러한 특징을 볼 수 있다.

『어제조훈』과 『어제언문』은 동일인의 글씨가 아닌 것으로 판별되지만 두 글씨가 전체적으로 비슷한 점이 많다는 점은 인정 할 수밖에 없을 것으로 보인다. 이처럼 두 문헌의 글꼴을 자세히 보지 않으면 모를 정도로 흡사한 글꼴을 보이는 이유를 생각해 보면 두 문헌 모두 거의 같은 시기에 제작되었을 것으로 추정되므로 이 시기 관료들의 글꼴이 기본적으로 이와 같은 형태를 띠고 있었을 가능성이 높다고 할 수 있겠다.

『뎡니의궤(整理儀軌)』[39]와, 『자경전진작정례의궤(慈慶殿進爵整禮儀軌)』[40], 『정미가례시일기(丁未嘉禮時日記)』[41] 모두 관료가 서사한 궁체로 판별된다. 이렇게 판별이 가능한 이유는 『천의소감언해』에서 보듯 왕실의 중요 의례나 행사 등을 정리하여 기록으로 남기는 의궤의

---

[39]   현재 프랑스 동양어학교 도서관에 소장된 자료이며, 모두 12권12책 (권29-36, 40, 46-48)이 현전한다.(옥영정, 「한글본 『뎡니의궤』의 서지적 분석」, 2008, p.141.) 국립중앙도서관에서 조사·영인하여 현재 마이크로필름과 홈페이지를 통해 열람할 수 있다.(國立中央圖書館, M古4-1-12 ~ M古4-1-21)

[40]   규장각원문검색서비스, 古4256.5-2-v.1-3.

[41]   디지털장서각, K2-2709.

경우 조정 관료들이 대거 동원되어 책으로 편찬한 후 이를 내전에 진상하기 위해 따로 언해본을 만드는 과정에서 조정 관료들이 서사를 맡은 것을 확인할 수 있었기때문이다. 이러한 사례로 미루어 볼때 위 세 문헌도 기본적으로 관료가 서사했을 것으로 추정하는 것은 당연한 일이라 하겠다. 아울러 서체에서도 관료가 서사한 궁체 흘림의 특징이 고스란히 나타나고 있음을 볼때 관료가 서사한 궁체로 판별하는데 무리가 없음을 확인할 수 있다.

『뎡니의궤』는 한글로 작성된 의궤로 총 12책 12권으로 되어있다. 옥영정에 의하면 "1797년 9월 이후부터 활자본『화성성역의궤』가 편찬 완료된 1800년 5월 이전에 편찬되었을 가능성이 크다."[42]고 하며, 또 원자료를 전사(傳寫)하면서 생략, 추가, 주석의 사용 등 주로 여성 층의 독자에 맞춰 쉽게 이해할 수 있도록 배려하고 있다고 설명하고 있다.[43]

『뎡니의궤』의 글꼴을 살펴보면 적어도 9인 이상이 서사에 참여한 것으로 보인다.[44] 동일 서체별로 분류하면 ①『뎡니의궤 권지이십구』부터 『뎡니의궤 권지삼십이』②『뎡니의궤 권지삼십삼』③『뎡니의궤 권지삼십〈』④『뎡니의궤 권지삼십오』⑤『뎡니의궤 권지삼십뉵』⑥『뎡니의궤 권지〈십』⑦『뎡니의궤 권지〈십뉵』⑧『뎡니의궤 권지〈십칠』⑨『뎡니의궤 권지〈십팔』로 분류할 수 있다. ⑥,⑨는 글꼴이 상당

---

42 옥영정, 위 논문, p.145.
43 옥영정, 「한글본『뎡니의궤』에 나타난 기록물의 轉寫와 註釋에 관한 연구」, 「서지학보33」, 2009. 참조.
44 최영희는 최소 4명 이상의 서사자가 필사하였을 가능성이 크다고 하고 있다.(최영희, 「조선시대 한글 필사본 뎡니의궤(整理儀軌) 서체의 특징 연구」, 「서예학연구23」, 2013, p.184.)

〈관료의 궁체 흘림〉

어제속자성편	어제조훈	어제 언문
뎡니의궤	자경전진작의궤	졍미가례시일기

히 비슷하나 가로획의 기울기 다르며 'ㅎ'의 아래아 점(·)을 점이 아닌 획으로 그어 연결했을 때 그 각도가 상이하다.

　서체는 궁체 흘림과 반흘림이 서사자에 따라 혼재하고 있는데 공통적으로 종성 'ㅁ'은 정자로 서사하고 있다. 서사자가 많다보니 각 서사자 마다 글꼴에서 개성이 드러나 있다. 『뎡니의궤』 중에서 『뎡니의궤 권지ᄉ십뉵』의 글꼴이 공간의 배분과 안정감에서 가장 뛰어난 공력을 보여주고 있다고 할 수 있다.

　『자경전진작정례의궤』는 1827년 효명세자가 순조와 순원왕후에게 존호(尊號)를 올리고 이를 기념하기 위해 자경전에서 진작의례를 거행한 사실을 기록한 한글로 작성된 의궤다.[45] 3권 3책으로 되어 있으며 서사자는 4인 이상이 참여한 것으로 보인다.[46] 특이하게도 각 권 중간에서 글씨체가 변하는 것을 관찰할 수 있다. 또한 권수의 제목에 '목녹'이라 서사되어있는 것과 달리 권지3에만 '목록'이라 서사되어 있는 특징을 볼 수 있다. 전체적으로는 궁체 흘림으로 서사되어 있으나 종성 'ㄴ, ㅁ'이 정자로 되어 있는 부분도 있다. 그리고 가로획을 짧게 하

45　김봉좌, 「순조대 진작 의례와 한글 기록물의 제작-1827년 자경전진작의례(慈慶殿進爵儀禮)를 중심으로」, 『정신문화연구38(3호)』, 한국학중앙연구원, 2015, p.152.

46　『慈慶殿進爵整禮儀軌』에는 참여한 사자관과 서사인에 대한 기록이 나온다. 사자관 백사눌(白師訥),이팔원(李八元),이의겸(李宜謙), 조진구(趙鎭龜), 조익원(趙益源) 서사 김홍진(金弘振)등 이인, 또 사자관(寫字官) 권재풍(權載豊)등 3인, 서사(書寫) 연백진(延百禛)등 2인(二人), 서사 안중휘(安重輝)등 2인이 기록되어 있다. 그런데 이들이 따로 분류되어 기록되어 있는 것을 보면 한문본과 한글본의 사자관과 서사자를 구분한 후 이에 의거하여 차등으로 상을 내리지 않았을까 라는 설정을 해 볼 수도 있다. 예를 들어 『천의소감언해』를 비추어 보면 앞의 사자관 백사눌 등 5인과 서사 2인은 한문본의 서사를 맡고 뒤의 사자관 권재풍 등 3인과 서사 연백진등 4인은 한글본의 서사를 맡았을 가능성이 있다. 또 『천의소감언해』에서 사자관 2인이 표지 서명(書名)을 맡아 서사했듯이 한글본에서 권재풍 등 3인이 표지 서명을 맡고 서사는 연백진등 4인이 했을 수도 있다. 이는 한문본 보다 한글본이 1책 더 많아서 이런 추측이 가능하다.(『慈慶殿進爵整禮儀軌』 권3 상전 참조.(한문본,奎14535-v.1-2))

여 세로로 긴 장방형의 글꼴이 형성되었으며, 전형적인 관료의 궁체 흘림으로 볼 수 있다.

『정미가례시일기』는 1847년에 치러진 헌종(憲宗1827~1849)과 후궁 경빈 김씨(慶嬪 金氏)의 가례(嘉禮)의 행사와 의식절차, 물목 등을 기록한 것으로 6책 6권으로 되어 있다.[47] 이 책의 서사에 참여한 인원은 최소 4인 이상 최대 6인까지로 볼 수 있다. 특히 2권의 경우 한 권에 너무나 많은 서체가 수시로 바뀌고 있으며 심지어 2페이지마다 서체가 바뀌는 경우도 볼 수 있다. 이 때문에 서체를 판별하는데 혼선을 불러일으키고 있다. 어떻게 보면 전체 서사자가 이 한 권의 서사에 모두모여 분량을 조금씩 나눠 쓴 것처럼 보이기까지 한다.

1권은 궁체 흘림이며, 2권은 궁체 흘림과 관료서체, 그리고 관료서체에 흘림이 가미된 서체가 혼합되어 있고, 3권은 관료서체에 흘림이 가미된 서체, 4권은 관료서체, 5권은 관료서체와 3권에 나오는 흘림 서체가 혼용되어 있다. 6권은 5권과 같은 흘림 서체로 되어 있다. 특이한 서체로는 2권에서 처음 나타나는 관료 서체에 흘림이 가미된 서체다. 이 서체는 궁체 흘림으로 분류하기가 애매한 서체로 관료서체 60%에 흘림이 가미된 것으로 정방형의 글꼴이나 약간 납작한 느낌을 준다.

지금까지 대표적 문헌을 통해 관료가 서사한 궁체 흘림의 글꼴을 살펴봤는데 이 중에서 서사상궁의 궁체 흘림과 관료의 궁체 흘림 글꼴과 확연한 차이를 보이는 글꼴이 있다. 바로 꼭지 'ㅇ'이다. 우리가 알

---

47 황문환, 안승준, 「『정미가례시일기(丁未嘉禮時日記)』의 書識的 考察」, 『장서각19』, 한국학중앙연구원, 2008. 참조.

고 있는 궁체 흘림의 경우 'ㅇ'은 반드시 꼭지 'ㅇ'을 사용한다. 그런데 관료가 쓴 궁체 흘림의 경우 흘림인데도 불구하고 'ㅇ'이 꼭지가 없는 형태의 'ㅇ'과 꼭지가 있는 형태가 혼용되어 사용되고 있다. 같은 문헌에서 조차 꼭지가 있는 것과 없는 것이 같은 면에 혼재하고 있는 경우도 많다. 그리고 꼭지가 있다하더라도 어떠한 규칙에 따라 서사되거나 정형화 되어 있지 않다. 꼭지의 존재가 모호한 경우도 있다. 이는 조선 후기에 나오는 서사상궁의 궁체 흘림에서 꼭지 'ㅇ'이 정형화 된 필법으로 정확하게 사용되고 있는 것과 비교해 매우 대조적 현상이라 할 수 있다.

이렇게 봤을 때 관료의 궁체 흘림에서는 꼭지 'ㅇ'이 그렇게 크게 중요시 되거나 반드시 꼭지가 있어야만 된다고 여겨지지는 않았던 것 같다. 서사자의 개성 혹은 필요에 따라 상황에 맞춰 사용되었던 것이라고 볼 수밖에 없다. 위에서 살펴본 『자경전진작정례의궤』나 『뎡니의궤』, 『정미가례시일기』를 봐도 'ㅇ'의 꼭지가 불규칙적이며 꼭지가 있는 'ㅇ'과 없는 'ㅇ'이 혼재되어 있다.

그런데 우리가 짚고 넘어가야 할 부분이 있다. 꼭지 'ㅇ'의 꼭지가 왜 생기게 되었는가에 대한 이유다. 지금껏 이 부분에 대해서는 아무런 연구나 언급 없이 그저 궁체 흘림에서의 'ㅇ'은 꼭지가 있어야 한다며 한 점의 의구심도 없이 당연한 일로 받아들이고 또 그렇게 지내왔다. 궁체의 흘림 'ㅇ'에서 꼭지가 어떻게, 왜 생기게 되었고 또 그 역할이 과연 무엇이었는지 한번쯤은 살펴 봐야할 것으로 생각된다.

이에 대한 단서를 제공하는 문헌으로 『어제조훈』을 꼽을 수 있다. 『어제조훈』에 나타난 꼭지 'ㅇ'은 꼭지가 다른 관료의 궁체 흘림보다 매우 정확하게 그것도 길게 사용되고 있다. 그리고 꼭지의 내려 긋는 방향이 좌하향으로 되어 있는 경우를 많이 볼 수 있는데 이는 조선 후기의 서사상궁의 궁체 흘림에서 보이는 꼭지 'ㅇ'의 방향인 우하향과 정반대인 셈이다. 이렇게 서사된 이유는 위에서 내려오는 획의 흐름을 그대로 이어 받기 위한 의도로 밖에 보이지 않으며 이 외에는 다른 어떤 이유를 찾기 힘들다. 이에 따라 궁체의 흘림 'ㅇ'에서 꼭지가 생기게 된 이유와 그 역할을 유추해 볼 수 있을 것으로 생각한다.

또한 'ㅇ'의 꼭지 방향과 각도에 따라 관료 궁체 흘림과 서사상궁의 궁체 흘림을 구분 지을 수 있는 하나의 잣대로 적용할 수 있을 것으로 본다.

나. 서사상궁의 궁체 흘림과 『뎡미가례시일긔』

서사상궁의 글씨는 이미 널리 알려져 있고 또 많은 사람들이 쉽게 찾아보거나 접할 수 있는 기회가 많다. 그리고 오래전부터 궁체에 대한 연구의 대부분은 서사상궁이 서사한 문헌에 집중되어 왔다. 그 연구대상들은 조선후기 왕후들의 언간[48]과 이를 대필한 서사상궁, 또 궁체의 전형이나 모본으로 추앙받고 있는 낙선재본 소설류 등이다. 주요 대상이 된 언간과 문헌들에 대해서는 이미 많은 논의와 연구를 통해 서체, 장법, 글꼴, 미학 등 전반에 걸쳐 다각도로 분석하여 그 결과를 볼 수 있다. 이러한 선행연구가 있으므로 여기서는 궁체 흘림의 대표적인 몇몇 문헌만을 선정하여 이를 중심으로 간략하게 살펴보도록 하겠다.[49]

「명성왕후 언간」(1680~1683), 「인현왕후 언간」(1681~1685)의 글꼴은 궁체 흘림의 초기 정립과정을 보여주고 있다고 할 수 있다. 특히 「인현왕후언간」은 궁체 흘림이 어느 정도 정착되어 안정화 단계에 있는 모습을 볼 수 있다. 「명성왕후 언간」의 경우 세로획이 과하다 싶을 정도로 길어지는 현상이 때때로 보이는데 비해 「인현왕후 언간」에서

---

48 일반적으로 '봉서'라는 단어로도 많이 통용되고 있다.
49 대표 문헌의 글씨들은 「한글서예변천전」(예술의 전당, 1991), 「조선왕조어필」(예술의 전당, 2002), 「명성황후 한글편지와 조선왕실의 시전지」(국립고궁박물관, 2010), 「숙명신한첩」(국립청주박물관, 2011), 「한글, 소통과 배려의 문자」(한국학중앙연구원 장서각, 2016), 「공쥬 글시뎍으시니」(국립한글박물관, 2019) 도록을 참조했다.

는 초성의 크기에 따라 세로획의 길이가 비례해서 길어지거나 줄어들고 있어 글자의 비율이 전체적으로 안정화 되어 있다. 그리고 돋을머리가 정확하게 서사되고 있는 점에서 궁체 흘림의 형식화와 정형화가 이 시기에 완성 되지 않았을까 라는 생각을 갖게 된다.

눈에 띄는 점은 'ㅇ'의 꼭지가 중앙을 기준으로 좌하향으로 그어져 내려오고 있음을 곳곳에서 확인할 수 있다는 것이다. 이는 윗 글자의 흐름을 이어받기 위한 기본적인 운필법으로 이때까지만 하더라도 'ㅇ'의 꼭지 방향은 흐름을 중시해 유동적으로 움직이고 있었음을 알 수 있다. 조선후기 서사상궁의 궁체 흘림에서 나타나는 규칙적인 우하향 방향과는 전혀 다른 모습을 보여 주고 있는 것이다.

이후 1735~1744년 사이에 작성된 것으로 보이는 「헌경왕후[50]언간」에서는 이전 시기 왕후들의 언간에서 나타나는 글꼴보다 체계적이며, 글자의 결구법과 운필법 또한 일정한 틀에 의거해 글꼴을 완성시키고 있는 것을 볼 수 있다. 이를 보면 당시 왕후의 언간에 사용되는 글꼴이 안정화, 완성화의 단계를 지나 완전한 체계의 정립 단계에 있음을 알 수 있다.

그리고 1850년 전후에 작성된 것으로 보이는 「순원왕후 언간」에서 글꼴이 다시 한 번 일변(一變)한다. 획의 과감한 생략, 자간과 행간의 안정적인 간격, 그리고 치밀한 결구와 유려한 연결선으로 이어지는 획과 글자는 이전 시기와는 확연히 다른 정제되면서도 활달한 글꼴을 보여주고 있다. 또한 우리가 일반적으로 '봉서체'라 부르고 있는 진흘림

---

50 혜경궁 홍씨(1735~1815)로 알려진 사도세자의 빈이며 정조의 생모로, 1899년 고종이 사도세자를 장조로 추존하면서 헌경왕후로 추존되었다.

의 서체가 왕후들의 언간 글씨의 주류를 형성하게 된다.

왕후들의 글씨를 대필하는 전문 서사상궁으로 서기이씨, 서희순 상궁, 천상궁, 현상궁, 하상궁 등 궁체의 황금기를 이끄는 주역들이 나오며, 이 시기를 궁체의 난숙기(爛熟期)[51] 혹은 완숙기(完熟期)[52]라 부르기도 한다.

궁체의 황금기를 대표하는 문헌으로『뎡미가례시일긔』[53]를 꼽을 수 있다. 이 문헌은 1847년에 치러진 헌종(憲宗1827~1849)과 후궁 경빈 김씨(慶嬪 金氏)의 가례(嘉禮)의 행사와 의식절차, 물목 등을 기록한 것으로, 한글본 1책으로 편찬된 것이다. 앞서 살펴본 관료가 서사한『정미가례시일기』와 같은 내용이나 구성방식이 다르다. 표지 서명(書名)은 '嘉禮日記'이며, 책의 권두에 '뎡미가례시일긔'라 적혀있다. 2002년 문화관광부 선정 '100대 한글 문화유산'에 포함되었다.

『뎡미가례시일긔』에서 보이는 서체는 서사상궁이 서사한 궁체 흘림[54]으로 궁체가 보여줄 수 있는 최고의 경지를 보여주고 있다고 해도 과언이 아니다. 유려한 선질과 글자의 비율에서 느껴지는 아름다움, 한 치의 흔들림도 보이지 않는 운필, 공간의 적절한 배분, 서사자의 서사에 대한 자신감 등 모든 면이 하나로 어우러져 그 자체로 흠잡을 데 없는 글꼴을 완성하고 있다. 특히 직선과 곡선의 절묘한 조화는 보는 이로 하여금 부드러움과 강함을 동시에 느낄 수 있도록 하고 있다. 더

---

51 김일근, 앞의 책, p.80.
52 박병천, 「조선후기」, 『조선시대 한글서예』, 미진사, 1994, p.129.
53 디지털장서각, K2-2708.
54 'ㄴ,ㅁ'에서는 정자의 형태가 나타나 반흘림으로 볼 수 있으나 흘림의 기운에 비하면 일부에 지나지 않는다. 이러한 이유로 여기서는 흘림으로 분류한다.

이상의 말이 필요 없는 궁체 흘림의 전형(典型)이라 할 수 있다.

　조선 후기 서사상궁의 글씨는 일정한 형식과 정형화된 틀 내에서 글꼴이 형성되다 보니 개인의 특성이 크게 부각되기보다는 서사상궁들만의 공통된 글꼴 특징을 보이는 특성이 있다. 이러한 특성이 발현되는 것에 대해 김용숙의 글에서 그 단서를 발견할 수 있다.

　또 한글 궁체 연습은 장기간 계속된다. 문안편지나 궁중발기(宮中件記)에 쓴 필체가 일정하여 소위 '궁체'라는 하나의 장르를 형성하고 있다. 이렇게 되기까지 그들은 연습 과정에서 길이 50㎝, 넓이 30㎝의 백간지(白簡紙)에 빈틈없이 일정하게 「서예」를 연마하였다. 이리하여 후항에서 보는 유려달필한 왕비, 왕대비의 대필(代筆)이나 자신들의 문안편지를 쓰게 되는 것이다.[55]

　여기서 말하는 백간지의 연습방법은 글씨를 가르치는 선배 내인이 한 줄씩 띄워서 글자를 쓰고 나면 바로 옆 비어 있는 줄에 가르침을 받는 내인이 옆에 써진 글자를 똑같이 따라 쓰는 방식이다. 결국 서사상궁들의 글씨에 공통적으로 나타나는 특성은 일종의 체본을 따라 쓰는 방식에 따른 훈련과 연습의 결과인 셈이다. 그리고 이러한 서사상궁들만의 특성은 궁체의 황금기에 특히 더 잘 드러나는데 이는 엄격하게 이뤄지는 그들만의 도제식 서사교육의 영향이라 할 수 있다.[56]

55　김용숙, 「조선조 궁중풍속연구」, 일지사, 1987, p.54.
56　한소윤, 앞의 논문, p.144.

〈왕후의 언간과 서사상궁의 궁체 흘림〉

인선왕후언간	명성왕후언간	인현왕후언간
헌경왕후언간	순원왕후언간	뎡미가례시일긔

5. 궁체의 정의

가. 선행 연구의 검토

여기서는 지금까지 살펴본 바에 의해 궁체에 대한 정의를 다시 정립하고자 한다. 궁체에 대한 정의는 국어사전이나 단행본, 학술 논문 등에서 학자들마다 서로 다른 의견을 내놓고 있다. 이렇게 다양한 의견 중 대다수를 차지하고 있는 것은 '조선시대 궁녀들이 쓰던 글씨' 또는 '조선시대 궁녀들이 만든 글씨'라는 주장이다.[57] 다음 글에서도 이를 쉽게 확인할 수 있다.

궁체는 조선시대 한글 서체의 기본 형태로 자리잡게 되고, 이 궁체를 개발해낸 주역은 바로 여성들이었다. 궁체라는 이름부터가 서사상궁(書寫尙宮) 등 궁중의 여자들이 주로 쓴 글자라는 의미로 붙여진 것이다. 15, 16세기 한글의 사용은 주로 궁중에서부터였고, 궁체가 형성된 것도 궁중에서였으니, 궁체는 언문이 실용화됨에 따라 왕실의 공식 문서에서 많이 사용되었으며, 특히 궁내 여성 중 최고 자리에 있는 왕후나 대비들에 의해 빈번히 사용되었다.[58]

---

[57] 신현애, 「한글서예 궁체의 개념정의에 관한 고찰」, 「동양예술54」, 한국동양예술학회, 2019, pp.155~157참조. 이정자, 「한글서예의 서사기법연구」, 동방대학원대학교 박사학위논문, 2017, pp.54~55참조. 박병천, 『한글서체학연구』, 사회평론아카데미, 2014, pp.46~52참조.

[58] 김영희, 「조선시대 한글 글쓰기 체계의 발전과 여성」, 『페미니즘연구17(2호)』, 한국여성연구소, 2017, p.148.

이와 같은 궁체의 정의에서 한걸음 더 나아가 "궁체란 궁녀들만이 쓰던 서체"[59], "궁체란 지밀에 속했던 궁녀들의 한글 붓글씨이다."[60]라고 하여 궁체의 사용 범위를 궁녀로만 한정짓는 극단적인 정의를 내리기까지 한다. 한편 최근에 들어서 이러한 궁체의 정의에 대해 잘못된 점을 지적하고 궁체의 정의와 개념을 다시 정의내리고자 시도한 연구가 나와 눈길을 끈다.[61]

궁체는 조선시대 궁중에서 왕실 구성원, 내관 및 궁녀들에 의해 생성, 발전, 완성되어 체계화된 한글 서체이다.

1443년 훈민정음이 창제된 이후 궁체는 실용화 단계에서 원추형의 모필을 사용하면서 궁체의 필치가 싹트기 시작하였으며, 垂簾聽政의 시기에 대왕대비와 왕대비의 교지에 공식문자로 활용되었다. 이를 위해 궁궐 內殿의 문서담당 내관과 궁녀들을 양성하고 교육하는 과정을 통해 궁체의 필법이 완성되었다.[62]

윗글은 발표자가 궁체의 정의에 대해 새로운 의견을 제시한 부분으로 논문의 실질적 결론에 해당한다. 이 글을 보면 궁체의 생성, 발전, 완성에 왕실 구성원과 내관, 궁녀들이 참여하여 체계화 시키고 아울러 내전의 내관과 궁녀들을 양성하고 교육하는 과정에서 궁체의 필법이 완성되었다고 주장하고 있다. 그런데 수렴청정 시기에 궁체가 교지에 공식문자로 활용되었다는 주장에 대해서는 차치하고라도 이 논문

---

59 박정자외 4인, 「궁체이야기」, 도서출판 다운샘, 2001, pp.24~25.
60 한국한글서예연구회, 「조선왕조실록으로 보는 한글 궁체사」,도서출판 다운샘, 2009, p.53.
61 신현애, 「한글서예 궁체의 개념 정의에 관한 고찰」, 「동양예술54」, 한국동양예술학회, 2019,
62 신현애, 위 논문, p.171.

의 어디를 살펴봐도 내관의 글씨를 설명하거나 내관의 글씨 교육이 어떻게 이루어졌는지에 대해 언급한 부분을 찾을 수 없다.[63] 내관에 대해 언급하고 있는 부분은 『우리 글씨 쓰는 법』에 나오는 인용문뿐이다.[64] 문제는 이 인용문에 대한 검증이 아예 없다는 점이다. 때문에 논문에서 주장하고자 하는 궁체의 정의가 올바로 서술되었는지에 대해 당연히 의심이 들 수밖에 없다. 따라서 논문에서 정의하고 있는 '궁체의 정의'에 대해 검증의 필요성이 강하게 대두된다.

현재 내관이 서사했을 것으로 추정할 수 있는 글씨로는 『혜빈궁일기』가 유일하다고 할 수 있다.[65] 혜빈궁은 사도세자의 부인인 혜경궁 홍씨를 가리키는 다른 이름으로 『혜빈궁일기』는 그가 사는 궁궐 처소의 일지(日誌)다. 이두식 한문과 부분적으로 한글로 기록되어 있는데 일지임에도 불구하고 매일 기록되어 있는 것이 아니며 이마저도 1764년과 1765년의 이 년 치만 남아 있다.[66] 정병설에 따르면 『혜빈궁일기』의 기록자는 기본적으로 혜빈궁의 내관일 가능성과 한글로 기록된 부분에는 내인이 간혹 간여했을 수도 있다고 보고 있다.[67] 실제 『혜빈궁일기』의 글꼴을 보면 궁체로 서사되어 있음을 볼 수 있다. 그런데

---

63   논문에서는 내관뿐만 아니라 궁녀에 대해서도 일절 언급이 없으며, 이들의 교육과정에서 어떻게 궁체의 필법이 완성되었는지에 대한 설명도 없다.

64   논문에서 인용된 문장은 다음과 같다. "宮中에서는 內殿의 文書를 專擔하는 內官과 宮女를 두고 이들에게 우리 글씨 쓰는 專門敎育을 시켰으니 이로부터 비로소 體系가 서게 되고 筆法을 整理하게 되었다."(김충현, 『우리 글씨 쓰는 법』, 동산출판사, 1983초판, 1990 중판, p. 25.)

65   현재 규장각 소장으로(규장각원문검색서비스, 奎13029-v.1-2) 내관이 쓴 것으로 추정되는 문헌으로는 이 문헌 외에 다른 문헌은 발견하지 못했다. 물론 필자의 조사가 미흡하여 발견하지 못했을 가능성도 있다.

66   정병설, 「혜빈궁일기와 궁궐 여성 처소의 일상」, 『규장각50』, 규장각, 2017, p.93.

67   정병설, 위 논문, p.98.

글꼴이나 서체가 내인의 글씨로 보기에는 많은 무리가 따른다. 오히려 관료가 서사한 궁체 흘림과 비슷한 점이 눈에 많이 띤다. 또한 1권의 첫 부분과 중간부분의 글꼴이 달라지는 것을 볼 수 있으며 2권의 글꼴도 1권과 확연한 차이를 보이는 것으로 보아 서사자가 중간 중간 계속 바뀐 것으로 추정된다. 이러한 사실로 볼 때 한문으로 일지를 기록한 내관이 한글도 같이 기록했을 가능성이 높아 보인다.

『혜빈궁일기』글꼴을 조금 더 자세히 살펴보면 세로획 'ㅣ'모음은 돋을머리가 없거나 미약하며 두께가 제각각이라 서사상궁의 궁체와 같은 규칙성을 보이지 않는다. 특히 2권에서는 'ㅣ'모음이 일반적인 궁체 필획과 달리 좌하향으로 기울어지고 있는 것을 많이 볼 수 있다. 또한 글꼴의 완성도 면에서 전문적인 교육을 통해 이루어진 완성된 글꼴이라고 하기에는 부족한 면이 많으며, 글꼴이 궁체와 같이 일정한 형태의 정형화를 이루고 있는 것도 아니다.[68] 당시에는 이미 궁체 흘림과 정자가 정형화된 시기이므로 정형화가 안 되어 있다는 사실은 전문적인 교육을 받지 않았을 가능성이 높음을 의미한다.

그러면 이제 위에서 살펴본 바에 의거해 논문에서 주장하고 있는 궁체의 정의에 대해 다시 한 번 검증해 보도록 하자.

첫째, 논문에서 궁체의 정의를 내리는데 있어 중요한 역할을 하고 있는 인용문에 대해서는 검증이 하나도 이루어지지 않았다. 인용문의 내용 중에서 내관과 관련된 부분은 지금까지 학술적으로 어떠한 연구나 검증이 이루어지지 않은 사안이다. 이는 곧 반드시 검증이 필요한

68　예를 들어 꼭지 'ㅇ'을 보면 같은 행, 심지어 바로 밑 글자에서도 'ㅇ'의 형태가 다르게 나타나며 제각각의 모양을 띤다. 또한 서사자마다 'ㅇ'의 형태가 서로 너무나 상이해 전혀 정형화를 이루고 있다고 할 수 없다.

사안인 동시에 반드시 검증을 했어야만 하는 사인인 것이다.

둘째, 논문의 주장처럼 수렴청정을 위해 내전(內殿)의 문서 담당 내관과 궁녀를 두고 전문교육을 시켰다면[69] 「혜빈궁일기」에 나오는 내관의 글씨도 서사상궁의 글씨와 비슷한 면모를 보여야 하는데 여기서 보이고 있는 글꼴은 전혀 그러한 점을 살필 수 없다.[70] 뿐만 아니라 논문에서 주장하고 있는 바에 대해 어떠한 논증이나 관련 자료를 제시하고 있지 않다. 따라서 궁체의 정의에 언급된 내전의 문서 담당 내관이 전문적 교육을 받는 과정을 통해 궁체의 필법이 완성되었다고 하는 내용은 논증에 의거하거나 사실 근거에 기반을 둔 주장이 아님을 알 수 있다.

셋째, 내관이 서사한 것으로 추정되는 자료는 궁체의 형성기인 16세기에는 전혀 보이지 않는다. 그나마도 위에서 소개한 「혜빈궁일기」가 유일한 문헌이라 할 수 있다. 또한 내관이 궁체 교육을 받았다는 어떠한 기록도 찾을 수 없었다.

이를 종합해 보면 내관이 궁체의 생성, 발전, 완성에 관여했다고 볼 수 있는 근거는 하나도 없는 셈이다. 따라서 이 논문에서 주장하고자 하는 궁체의 정의가 과연 옳은 것인지에 대해 강한 의구심이 들 수밖에 없다.

---

69   "內殿의 文書를 專擔하는 內官과 宮女를 두고 이들에게 專門敎育을 시키는 과정에 비로소 궁체의 體系가 서게 되었고 筆法이 整理되었다."(신현애, 위 논문, p.170.)
70   단적인 예로 「혜빈궁일기」의 글꼴 중에서 'ㅣ'모음이 오는 초성 'ㄹ'을 보면 서사상궁의 궁체 흘림에서 보이는 초성 'ㄹ'과는 전혀 다른 모양임을 알 수 있으며 그나마도 'ㄹ'의 모양이 제각각이다.

나. 궁체의 정의

궁체라는 단어는 잘 알려져 있다시피 이옥(李鈺, 1760~1812)의 사족녀(士族女)들의 노래 아조(雅調)에 처음 등장한다.[71] 이 시를 보면 당시 양반층의 아녀자들이 일찍부터 궁체를 익히고 있음을 알 수 있는데 '이응미유각(異凝微有角)'이라는 시구(詩句)를 보면 궁체 흘림의 꼭지 'ㅇ'을 표현하고 있어 궁체 흘림이 민간에서 사용되고 있었음을 추정할 수 있다. 특히 이 시기 민간에서 볼 수 있는 문헌 중『풍양조씨 자기록(豊壤趙氏 自記錄)』(1792)이 매우 뛰어난 궁체 흘림과 정확한 꼭지 'ㅇ'을 보여 주고 있어 이옥의 시가 그냥 지어진 것이 아님을 뒷받침 한다.

이옥의 시 보다 앞서 구수훈(具樹勳, 1685~1757)이 지은『이순록(二旬錄)』[72]에는 '습학여인언서체(習學女人諺書體)'라는 문장이 나온다. 당시에는 한글을 표현할 때 대부분 '언서', '언문' 등의 단어를 사용하지만 '여인'이라는 특정계층과 '체'라는 말을 같이 붙여 사용하는 것은 흔하지 않은 일이다. 또 이 '여인언서체'를 익힌 사람이 주로 사대부가의 여인들을 상대한 것으로 나오는데 앞서 살펴본 이옥의 시와 비교해 봤을 때 '여인언서체'는 궁체를 지칭하는 것일 수도 있다. 이와

---

71 "早習宮體書, 異凝微有角, 舅姑見書喜, 諺文女提學"(김균태,『李鈺의 文學理論과 作品世界의 研究』, 1991, 창학사, p.68.)
72 「稗林」, 탐구당, 1969.

같이 보면 영·정조 시대에 궁체가 궁(宮)뿐만 아니라 민간에 까지 널리 퍼져 있었음을 확인할 수 있다.

이제부터 앞에서 살펴본 한글 글꼴의 변천과 관료서체와 궁체의 형성과정에 대해 다시 상기해 본 후 이를 토대로 궁체를 새로운 시각에서 정의해 보도록 한다. 먼저 1부에서는『훈민정음해례본』의 글꼴의 분석을 시작으로 한글 글꼴의 혁신적 변화를 보여줬던『홍무정운역훈』,『훈민정음언해본』,『월인석보』등의 글꼴을 살펴보았다. 특히 이들의 글꼴이 이 후에 나오는 글꼴의 모태가 될 만큼 지대한 영향이 있었음을 보았다.

그리고 2부에서는 관료 서체의 형성과정과 흐름에 대해 살펴보았으며 당시 궁 안에서 사용하던 글꼴에 관료서체가 어떠한 영향을 주었는지도 알아보았다. 특히『천의소감언해』를 통해 관료4인의 한글 서사자 명단이 처음으로 나타나고 있음을 확인하였다. 이러한 사실은 관료의 서체 형성뿐만 아니라 궁체의 정립, 더 나아가 한글 서예사에 있어서도 획기적이며 매우 중요한 일임을 이야기 하였다.

3부 궁체의 정립에서는 대비의 수렴청정으로 인해 내전에서의 한글 사용이 확산되었다는 사실을 알 수 있었으며 이 과정에서 관료 서체가 공식적으로 내전에 전해짐에 따라 내전에서의 한글 글꼴에 영향을 주었음을 현전하는 문헌 자료의 비교 고찰을 통해 살펴보았다. 그리고 관료서체의 영향이 궁체의 정자 형성 과정에 미친 영향관계를 파악할 수 있었다. 이에 따라 궁체의 분류를 관료의 궁체 정자와 서사상궁의 궁체 정자로 나눌 수 있음도 확인 하였다.

궁체 흘림의 형성과정에 대해서는 일정 시기(선조~인조), 특히 선조를 기점으로 하여 이후의 글꼴 변화의 폭이 두드러지게 차이를 보임에 따라 궁체 흘림의 형성시기를 특정할 수 있었다. 또한『천의소감언해』를 통해 궁체는 여성들만 쓰는 서체라는 인식을 불식시키고 아울러 궁체의 분류에 있어서도 기존의 관행에서 벗어나 관료가 서사한 궁체 흘림과 서사상궁이 서사한 궁체 흘림으로 나누어 살펴볼 수 있었다.

이상과 같이 여러 문헌의 글꼴의 변천과 흐름을 통해 살펴본 결과 궁체를 새로운 시각에서 바라볼 수 있었다. 이에 따라 기존의 궁체의 정의를 서술한 내용 들이 대부분 오류가 있음이 밝혀지게 되었다고 본다. 따라서 매우 조심스럽지만 지금까지의 결과를 토대로 궁체의 정의를 다시 정의해 보고자 한다.[73]

궁체의 정의

궁체는 우리의 전통 한글 서체로 한글 창제 이후 궁중에서 관료를 중심으로 만들어진 한글 서체들이 점진적인 변화 발전의 과정을 거쳐 후대로 이어지게 되고, 조선 중기(선조~인조)에 이르러 관료와 궁녀들이 이를 체계적으로 정형화 시킨 서체이다.

73　앞에서 언급했지만 궁체 성립의 필수 요건을 다시 한 번 살펴보면 다음과 같다. 첫째, 초성과 종성이 'ㅣ'모음에 종속되어야 하며 아울러 'ㅣ'축을 중심으로 'ㅣ'모음 뿐만 아니라 종성의 끝 부분 또한 'ㅣ'축에 맞춰 정렬되는 조형체계를 갖추고 있어야 궁체가 성립할 수 있다. 둘째, 궁체는 기본적으로 가로획에서는 들머리, 맺음. 세로획에서는 돋을머리, 왼뽑음을 사용하며, 현대 궁체에서는 초성 'ㄱ'에서는 반달머리, 종성'ㄴ,ㄹ'에서는 반달맺음 등 특정한 획에서 한글 궁체만이 가지고 있는 독창적이며 특징적인 획을 사용한다.

부수설명

궁체는 궁중뿐만 아니라 사대부와 일반에게까지 널리 사용되었으며 아름답고 독특한 멋을 지닌 고유의 필치로 한글의 표준 서체라 할 수 있다. 궁체는 대표적으로 관료의 궁체와 서사상궁의 궁체로 구별할 수 있다.

附 記

수렴청정과 서사상궁 관련
기존 연구의 흐름과
관점에 대한 문제의식

수렴청정과 서사상궁 관련 기존 연구의 흐름과 관점에 대한 문제의식

궁체의 형성과정에 있어 대부분의 연구들은 대비의 수렴청정으로 인한 교지(또는 의지(懿旨))의 작성이 궁체의 형성에 매우 중요한 영향을 주고 있다고 주장한다.『조선왕조실록으로 보는 한글궁체사』,『조선의 한글편지』,「『뎡미가례시일긔』의 서예미학적 연구」,「한글서예 궁체의 개념정의에 관한 고찰」 등 단행본과 박사논문, 학술논문을 가리지 않는다.

하지만 실제로 정희왕후, 문정왕후, 인순왕후의 수렴청정 기간 동안에 내려진 공식적인 의지에 대해『조선왕조실록』의 기록을 살펴보면 의아한 생각이 든다. 기록에 의하면 정희왕후는 환정(還政) 할 때 언문을 내린 것 외에는 공식적인 언문 의지가 없으며, 문정왕후도 수렴청정 동안 2건, 인순왕후는 수렴청정 기간에는 아예 없다. 즉 수렴청정기간만 한정해 본다면 한글로 된 공식문서는 극히 소량에 불과한 것이다. 이를 가지고 수렴청정이 궁체의 형성에 중요한 영향을 미쳤다고 주장하기에는 근거가 너무 빈약하다.

그리고 정희왕후의 경우 수렴청정기간 동안 의지를 내릴 때 실록에서는 언문 또는 언서라는 단어를 붙이고 있지 않는 경우가 대부분이다.[1] 이는 대비의 의지가 당시 조정의 공식문자였던 한문으로 내려졌기 때문이 아닐까 생각한다. 실록에 따르면 언문이나 언서로 의지가 내려온 경우 반드시 언문 또는 언서라는 단어를 붙여 사용하고 있기 때문이다. 이러한『조선왕조실록』의 기록으로 미루어 봤을 때 정희왕후의 수렴청정 당시 내전에서는 한글과 한문을 같이 사용했을 것으로 추정할 수 있다.

정희왕후의 수렴청정을 계기로 내전에서의 한글 사용이 이전 시기보다 늘어났음은 사실이다. 이를 부인할 수는 없다. 그렇다고 해서 내전에서의 한글 사용이 갑자기 폭발적으로 늘어났다고 볼 수도 없다. 그 이유는 정희왕후부터 인순왕후까지 약 100여 년간 왕후들의 한글 사용에 대한 『조선왕조실록』의 기사 건수는 불과 얼마 되지 않기 때문이다.[2]

물론 실록에 실리지 않은 내전에서의 한글 사용이 있었을 것은 충분히 상상할 수 있으며 추측 가능하다고 생각된다. 그런데 사적인 영역을 제외하고 공적인 부분, 즉 대비나 왕후들의 공식적인 의지를 조정에 전달하는 부분만 생각한다면 이야기가 달라진다.

① 정희왕후의 수렴청정을 기점으로 <u>많은 언문 교지가 지밀 서사궁녀에 의</u>해 <u>필사되면서 한글 궁체는 발전하였으며</u>, 문정왕후와 인순왕후의 수렴청정기간을 통하여 더욱 다듬어져서 선조 연간에는 이미 하나의 유형이 고정화되고

---

1   성종실록 13권, 성종 2년(1471) 11월 7일 을사기사. 예조에 전지하기를, "공경히 의지(懿旨)를 받았는데, '금년은 제도의 농사가 부실하여 민생이 염려되니, 내년 임진년 에는 왕대비전·인수 왕비전의 삭망에 진상하는 물선 및 각전의 방물은 올리지 말게 하라.' 하였기에, 내가 힘껏 청하였으나, 윤허를 얻지 못하였다. 명년은 전마다 단오에 진상하는 선자 이외는 기타의 방물이나 양전의 삭망 물선도 아울러 올리지 말게 하라." 하였다. 傳旨禮曹曰: "敬承懿旨: '今年諸道農事不實, 民生可慮, 來壬辰年王大妃殿、仁粹王妃殿朔望進上物膳及各殿方物, 令勿進.' 予力請, 未蒙兪允' 明年各殿端午進上扇子外, 其他方物及兩殿朔望物膳, 竝勿封進."
2   『조선왕조실록』의 언문, 언서로 기록된 기사는 내전의 왕실여성들, 즉 삼전과 중전의 기록만 살펴보면 정희왕후의 1469년의 수렴청정부터 인순왕후의 수렴청정이 끝나는 1567년 까지 근 100여 년간 30여건 안팎에 불과하다. 평균적으로 보면 10년에 서너건 정도에 불과한 것이다.

더불어 다양한 필체가 병존하였다.[3]

② 왕후가 수렴청정을 하게 되면 각종 공문서를 쓸 전문적 필사자가 필요하였는데 이를 담당한 궁녀가 서사상궁이다. 이들은 많은 언문 교지를 필사했을 뿐 아니라 후기에 와서는 대비, 왕비, 공주 등 왕족들의 편지를 대필하였으며, 또한 궁중의 상전들이 볼 책을 필사하였고, 가족들의 생계를 위하여 소설을 필사하는 경우도 많았다.[4]

③ 수렴청정 시기에 궁체가 교지의 문자로 쓰이면서 궁체의 형태와 필법 및 장법을 고정화하는데 중요한 역할을 하였다.[5]

위 글들을 살펴보면 수렴청정으로 인해 지밀 서사상궁이나 서사상궁이 많은 수의 각종 공문서와 언문 교지를 필사해 궁체가 발전했을 것으로 추측하고 있다. 하지만 앞에서 살펴본 바와 같이 각종 공문서와 많은 언문 교지가 필사되었다고 보기에는 『조선왕조실록』의 기록은 이를 전혀 뒷받침해주고 있지 못하다. 또한 ③의 주장처럼 궁체가 교지에 쓰였다는 어떠한 기록이나 근거를 찾을 수 없다. 그리고 궁체의 형성과정을 봤을 때 조선 전기에 이루어진 수렴청정 시기에는 궁체가 교지에 쓰이는 일은 물리적으로 불가능하다.

결국 이렇게 보면 정희왕후부터 인순왕후까지의 수렴청정은 내전에서의 한글 사용을 이전 시기보다 활발하게 만드는 계기가 되었던 것은 확실하다고 할 수 있다. 하지만 기존 연구에서처럼 공적인 문서나

---

3 최영희, 「『뎡미가례시일긔』의 서예미학적 연구, 성균관대학교 박사학위논문, 2010, p.91.
4 박정숙, 『조선의 한글편지』, 다운샘, 2017, p.81.
5 신현애, 「한글서예 궁체의 개념정의에 관한 고찰」, 「동양예술54」, 한국동양예술학회, p.163.

교지를 필사하면서 궁체가 형성 발전했을 것이라는 주장과 궁체가 교지에 쓰였다는 주장은 기록에 의거했을 때 설득력이 현저히 떨어진다. 때문에 이러한 연구 결과에 대해 당연히 의문을 가질 수밖에 없다.

서사상궁에 대해서도 마찬가지다. 왜냐하면 ①과 ②의 주장처럼 이 시기에는 지밀 서사궁녀 또는 전문 서사상궁이 교지 또는 각종 공문서를 필사했다는 기록이 전혀 없기 때문이다. 물론 이에 대한 근거를 제시하거나 논문을 통해 이를 입증하고 있지 않기에 더더욱 의문은 쉽사리 가시지 않는다. 뿐만 아니라 서예학계에서는 이에 대한 논증이나 검증 절차 없이 확정적으로 인식하고 있는 것 같다. 그야말로 일말의 의심도 없는 듯하다.

전문 서사상궁에 대한 기록은 김용숙의 『조선조 궁중풍속 연구』에 나온다.[6] 이 책은 조선왕조 마지막 상궁들의 생전 구술을 바탕으로 상궁의 체계와 직무, 생활 등 여러 사실들을 밝혀 내고 있다. 실존 인물들(상궁)의 이야기를 기록한 것이므로 이 책에 등장하는 전문 서사상궁의 존재 여부를 따지는 일은 무의미하다. 이러한 사실은 현전하는 각종 문헌을 통해서도 확인할 수 있기 때문이다. 다만 전문 서사상궁이 조선 후기에 있었음은 확실하다고 여겨지는데 그 시초가 과연 언제부터인지 밝혀지지 않아 혼동을 일으키고 있다.

그러면 이에 대해 살펴볼 필요가 있다. 우선 앞에서 궁체 흘림의

---

6 "이리하여 후항에서 보는 유려달필한 왕비, 왕대비의 대필(代筆)이나 자신들의 문안편지를 쓰게 되는 것이다. 그러나 이는 지밀내인의 경우일 뿐, 그 밖의 처소내인은 한글 정도 익히는 정도가 보통이다. 또 그 외에도 처소별로 무슨 때마다 위에 적어 올리는 문서가 많았다. 그중에서도 뛰어난 글재주의 내인이 있어 70~80세까지 일생 궁중발기와 조석 문안편지의 대서만 하였다고 한다."(김용숙, 『조선조 궁중풍속연구』, 일지사, 1987, p.54.)

경우 인목대비와 장렬왕후·인선왕후의 언간 글꼴에서 여러모로 확연한 차이를 보여 이 시기에 정형화가 이루어졌음을 확인할 수 있었다. 뿐만 아니라 장렬왕후·인선왕후 이후에 나오는 왕후들의 언간, 즉 명성왕후와 인현왕후의 언간에서도 앞선 두 왕후의 언간에서와 같이 문장의 서사방식, 장법, 운필법 등 여러 다양한 부분에서 공통된 형식이 나타나며 서로 일치하는 부분도 많이 발견할 수 있다.

이처럼 여러 부분에서 서로 비슷하거나 일치한다는 것은 인목대비 이후로 일정한 형식이 성립되었고 또 그 형식에 따라 서사되어졌다는 것을 뜻한다. 특히 글꼴에서 특정한 형태의 글꼴이 지속적으로 사용되고 있으며 이 글꼴의 운필법 또한 비슷하다는 점은 오랜 시간 동안의 훈련과 반복적인 연습을 통해서만 가능한 일이다. 이러한 여러 정황들로 보면 결국 왕후들의 언간은 반복적인 연습과 훈련을 한 누군가에 의해 대필되었을 가능성이 매우 높다고 할 수밖에 없다.[7]

왕후들의 언간이 대필되었다면 위에서 살펴본 바와 같이 그 시기는 인목대비를 기점으로 하여 인목대비 이후부터 공식적인 대필이 시작되었을 것으로 본다. 또한 대필 담당은 내전의 특성상 상궁일 가능성이 크다. 따라서 장렬왕후·인선왕후 때에 이르러서는 서사를 전문으로 담당하는 상궁들이 존재하고 있었으리라 추정해 볼 수 있다.

결국 우리가 일반적으로 인식하고 있는 전문 서사상궁은 조선 전기 왕후들의 수렴청정 시에는 존재했을 가능성이 없는 것으로 보인다. 특

---

7   한편에서는 인선왕후의 편지 내용을 들어 친필이라고 주장하기도 한다.(정복동, 「『숙명신한첩』의 한글 서예적 가치-국립청주박물관 소장 한글 편지를 대상으로」, 『숙명신한첩』, 국립청주박물관, 2011, p.37.) 하지만 인선왕후의 언간들을 살펴보면 서풍이 다른 언간들이 다수 나오는 것으로 보아 대필일 가능성이 매우 높다.

히 선조시기에 와서야 한석봉, 이해룡 등 전문직 사자관이 생긴 것을 봐도 알 수 있듯이, 내전에서도 인목대비를 기점으로 전문 서사상궁이 생겼으리라 보는 것이 합리적이라 생각한다.

따라서 조선 전기 정희왕후부터 인순왕후까지 이루어진 수렴청정 시기에 전문 서사상궁들이 각종 공문서나 많은 언문 교지를 전담으로 쓰게 되면서 궁체가 형성되거나 발전되었다고 보는 기존의 시각에서 탈피해야 할 필요성을 느낀다. 그래야 조금 더 폭넓은 연구가 이루어지고 다양한 시각을 가진 연구들이 나올 수 있을 것이다.

물론 역사의 빈 공간을 채우기 위해서는 어느 정도의 상상력과 추론이 필요하다. 하지만 이것이 사실을 기반으로 하지 않으면 특정 방향으로만 매몰되거나 어느 한 단면만 바라보게 되는 단점으로 작용할 수 있다. 이렇게 되면 사실에 가까워지기보다는 다른 방향으로 흘러갈 가능성이 높아진다.

이를 방지하기 위해서라도 다양한 시각과 관점에 따른 연구가 필요하다. 이와 같은 연구 환경이 조성되었을 때 비로소 한글 서예사 및 서체 연구가 한층 더 발전될 수 있을 것으로 믿는다.

《 서사 주체별 글꼴계통도 》

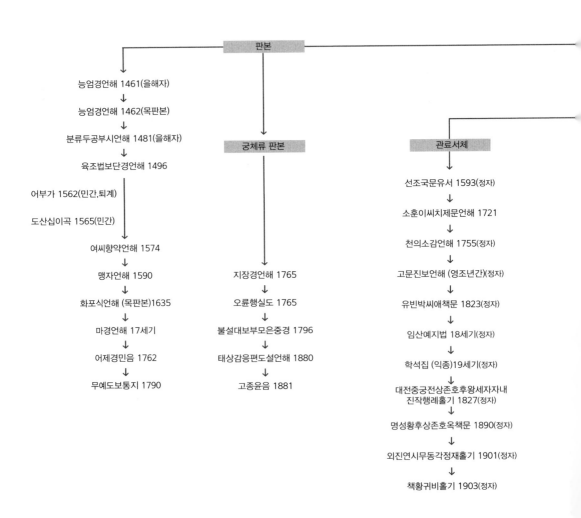

동국정운 1448

관료의 글씨체

홍무정운역훈 1455
(필사 꼴 출현, 궁체의 시초)
한글 글꼴의 혁신적인 변화

판본

능엄경언해 1461(을해자)
↓
능엄경언해 1462(목판본)
↓
분류두공부시언해 1481(을해자)
↓
육조법보단경언해 1496

어부가 1562(민간,퇴계)

도산십이곡 1565(민간)

여씨향약언해 1574
↓
맹자언해 1590
↓
화포식언해 (목판본)1635
↓
마경언해 17세기
↓
어제경민음 1762
↓
무예도보통지 1790

궁체류 판본

지장경언해 1765
↓
오륜행실도 1765
↓
불설대보부모은중경 1796
↓
태상감응편도설언해 1880
↓
고종윤음 1881

관료서체

선조국문유서 1593(정자)
↓
소훈이씨치제문언해 1721
↓
천의소감언해 1755(정자)
↓
고문진보언해 (영조년간)(정자)
↓
유빈박씨애책문 1823(정자)
↓
임산예지법 18세기(정자)
↓
학석집 (익종)19세기(정자)
↓
대전중궁전상존호후왕세자자내
진작행례홀기 1827(정자)
↓
명성황후상존호옥책문 1890(정자)
↓
외진연시무동각정재홀기 1901(정자)
↓
책황귀비홀기 1903(정자)

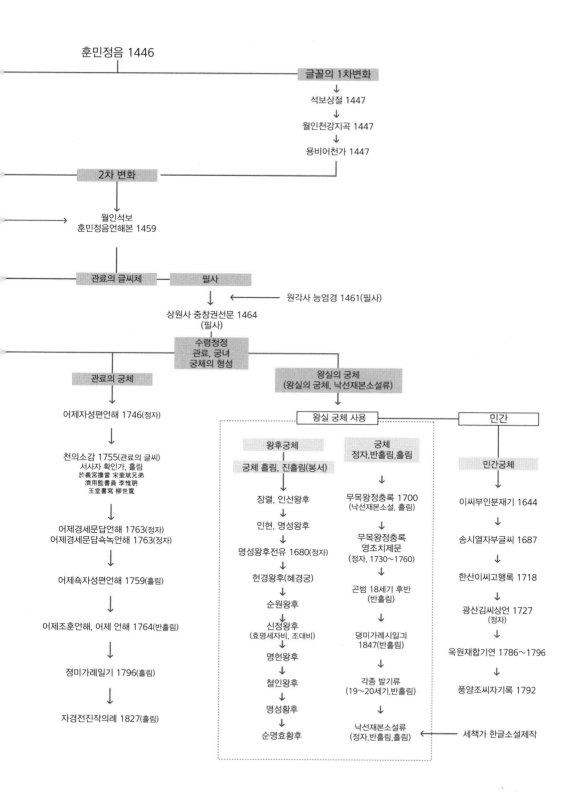

훈민정음 1446

글꼴의 1차변화
↓
석보상절 1447
↓
월인천강지곡 1447
↓
용비어천가 1447

2차 변화

월인석보
훈민정음언해본 1459

관료의 글씨체 — 필사

원각사 능엄경 1461(필사)

상원사 중창권선문 1464
(필사)

수렴청정
관료, 궁녀
궁체의 형성

관료의 궁체

왕실의 궁체
(왕실의 궁체, 낙선재본소설류)

왕실 궁체 사용 — 민간

어제자성편언해 1746(정자)

왕후궁체
궁체 흘림, 진흘림(봉서)

궁체
정자,반흘림,흘림

민간궁체

천의소감 1755(관료의 글씨)
서사자 확인가, 흘림
於義宮擔當 宋奎斌兄弟
潚用監書員 李惟聃
玉堂書寫 柳世寬

장렬, 인선왕후
↓
인현, 명성왕후
↓
명성왕후전유 1680(정자)
↓
헌경왕후(혜경궁)
↓
순원왕후
↓
신정왕후
(효명세자비, 조대비)
↓
명헌왕후
↓
철인왕후
↓
명성황후
↓
순명효황후

무목왕정충록 1700
(낙선재본소설, 흘림)
↓
무목왕정충록
영조치제문
(정자, 1730~1760)
↓
곤범 18세기 후반
(반흘림)
↓
뎡미가례시일긔
1847(반흘림)
↓
각종 발기류
(19~20세기,반흘림)
↓
낙선재본소설류
(정자,반흘림,흘림)

이씨부인분재기 1644
↓
송시열자부글씨 1687
↓
한산이씨고행록 1718
↓
광산김씨상언 1727
(정자)
↓
옥원재합기연 1786~1796
↓
풍양조씨자기록 1792

어제경세문답언해 1763(정자)
어제경세문답속녹언해 1763(정자)
↓
어제숙자성편언해 1759(흘림)
↓
어제조훈언해, 어제 언해 1764(반흘림)
↓
정미가례일기 1796(흘림)
↓
자경전진작의례 1827(흘림)

세책가 한글소설제작

참고문헌

국사편찬위원회, http://www.history.go.kr/
디지털 한글박물관, http://archives.hangeul.go.kr/
서울대학교 규장각 한국학연구원 규장각원문검색서비스, http://kyudb.snu.ac.kr/main.do
승정원일기, http://sjw.history.go.kr/main.do
조선왕조실록, http://sillok.history.go.kr/main/main.do
한국학중앙연구원 장서각, http://jsg.aks.ac.kr/

도록

국립고궁박물관, 「명성황후 한글편지와 조선왕실의 시전지」, 2010
국립청주박물관, 「숙명신한첩, 2011.
국립한글박물관, 「공쥬 글시 뎍으시니」, 2019.
예술의 전당, 「한글서예변천전」, 예술의 전당, 1991.
예술의 전당, 「조선왕조어필」, 우일출판사, 2002.
예술의 전당, 「추사 한글편지」, 우일출판사, 2004.
한국정신문화연구원 장서각, 「아름다운 글자, 한글」, 이회문화사, 2004.
한국정신문화연구원 장서각, 「우리 한글의 멋과 아름다움」, 다할미디어, 2004.
한국학중앙연구원 장서각, 「한글, 소통과 배려의 문자」, 한국학중앙연구원, 2016.

단행본

김균태, 「이옥의 문학이론과 작품세계의 연구」, 1991, 창학사.
김남형외 8인, 「한국서예사」, 미진사, 2017.
김용숙, 「조선조 궁중풍속연구」, 일지사, 1987.
김일근, 「언간의 연구」, 건국대출판부, 1986.
김정수, 「한글의 역사와 미래」, 열화당, 1990.
김진평, 「한글의 글자표현」, 미진사, 1983초판, 1984 중판.
김충현, 「우리 글씨 쓰는 법」, 동산출판사, 1983초판, 1990 중판.
김충현, 「국한서예」, 시청각교육사, 1970년초판, 1988년 중판.
박병천, 「한글서체학연구」, 사회평론아카데미, 2014.
박정숙, 「조선의 한글편지」, 다운샘, 2017.
박정자외 4인, 「궁체이야기」, 도서출판 다운샘, 2001.
안상수, 한재준, 이용제, 「한글디자인교과서」, 안그라픽스, 2009.

윤형두, 「옛 책의 한글판본」, 범우사, 2003.

「월인석보」(영인본), 서강대학교 인문과학연구소, 1972.

예술의 전당, 「조선시대 한글서예」, 미진사, 1994.

이광호외 지음, 「장서각소장 한글필사자료 연구」, 태학사, 2007.

이규복, 「뜻밖의 인문학 캘리그라피」, 이서원, 2018.

이규복, 「캘리그라피 교과서」, 안그라픽스, 2015.

이동민, 「한국 근현대 서예사」, 수필과 비평사, 2011.

이용제, 박지훈, 「활자흔적, 근대한글 활자의 발자취」, 도서출판 물고기, 2015.

이재정, 김효정, 「금속활자에 담은 빛나는 한글」, 국립중앙박물관, 2008.

임치균, 「양문충의록」, 한국학중앙연구원, 2011.

임치균, 「조선조 대장편 소설 연구」, 태학사, 1996.

정병설, 「조선시대 소설의 생산과 유통」, 서울대학교출판문화원, 2016.

조용선편저, 「봉서」, 도서출판 다운샘, 1997.

「천의소감언해」(영인본), 홍문각, 1983.

「稗林」, 탐구당, 1969.

천혜봉, 「고인쇄」, 대원사, 2003.

천혜봉, 「국보12」, 예경산업사, 1989.

한국글꼴개발원, 「글꼴1998 한글 글꼴의 역사와 미래」, 세종대왕기념사업회, 1998.

한국글꼴개발연구원, 「한글 글꼴 용어사전」, 세종대왕기념사업회, 2000.

한국한글서예연구회, 「석보상절」,도서출판 다운샘, 2012.

한국한글서예연구회, 「조선왕조실록으로 보는 한글 궁체사」,도서출판 다운샘, 2009.

한국한글서예연구회, 「훈민정음」,도서출판 다운샘, 2012.

「한글문헌해제」, 세종대왕기념사업회, 2003.

「홍무정운역훈」(영인본), 고려대학교 출판국, 1973.

홍윤표, 「국어사문헌자료연구」, 태학사, 1993.

홍윤표, 「한글」, 세창출판사, 2016.

황문환외 4명, 「조선시대 한글편지 판독자료집1,2,3」, 도서출판 역락, 2013.

논문

김두식, 「한글자형의 변천에 관한 연구」, 단국대학교 박사학위 논문, 2003.

김무봉, 「조선 전기 언해 사업의 현황과 사회 문화적 의의」, 「동악어문학58」, 동악어문학회, 2012.

김봉좌, 「순조대 진작 의례와 한글 기록물의 제작-1827년 자경전진작의례를 중심으로」, 「정신문화연구38(3호)」, 한국학중앙연구원, 2015.

김찬호, 「한글 궁체의 비평적 검토」, 「서예비평9」, 한국서예비평학회, 2011.

김상환, 「영조어제첩의 체제와 특성」, 「장서각16」, 한국학중앙연구원, 2006.

김세호, 「조선중기」, 『조선시대 한글서예』, 미진사, 1994.

김영희, 「조선시대 한글 글쓰기 체계의 발전과 여성」, 『페미니즘연구17(2호)』, 한국여성연구소, 2017.

박병채, 「홍문정운역훈 해제」, 『홍무정운역훈』, 고려대학교 출판국 영인본, 1973.

박병천, 「조선후기」, 『조선시대 한글서예』, 미진사, 1994, p.129.

박병천, 「한국 역대 명필가의 고문헌 자본 필사의 역할과 서체 고찰」, 『동양예술논총6집』, 2002.

박정숙, 「18세기 한글 필사본의 서예적 특징과 가치-〈광산김씨한글상언〉 《정조어필한글편지첩》 《곤전어필》을 중심으로-」, 『서예학연구33』, 한국서예학회, 2018.

박정숙, 「조선조 3대왕조 부부의 한글편지 어필언간 서체형성의 상관관계 고찰」, 『서예학연구32』, 한국서예학회, 2018.

박정숙, 「조선시대 한글고문헌 귀중본 서체의 변천사적 조형미 고찰-15~19세기 고문헌 귀중본의 한글 판본체를 대상으로」, 『서예학연구28』, 한국서예학회, 2016.

박정숙, 「한글서예」, 『한국서예사』, 미진사, 2017.

신성철, 「장서각소장 영조 어제언해서류(2)-「어제경세문답(언해)」, 「어제경세문답속록(언해)」, 「어제조훈(언해)」, 「어제(언해)」를 중심으로」, 『장서각소장 한글필사자료 연구』, 태학사, 2007.

신현애, 「「오대산상원사중창권선문」 언해본의 서예미 고찰」, 『동양예술34』, 한국동양예술학회, 2017.

신현애, 「한글서예 궁체의 개념 정의에 관한 고찰」, 『동양예술54』, 한국동양예술학회, 2019.

안병희, 「언해의 사적 고찰」, 『민족문화11』, 한국고전번역원, 1985.

안병희, 「왕실자료의 한글필사본에 대한 국어학적 검토」, 『장서각1』, 한국학중앙연구원, 1999.

옥영정, 「천의소감의 간행과 서지적 특성」, 『정신문화연구121』, 장서각, 2010.

옥영정, 「한글본 「뎡니의궤」의 서지적 분석」, 2008.

옥영정, 「한글본 「뎡니의궤」에 나타난 기록물의 전사와 주석에 관한 연구」, 『서지학보33』, 2009.

유근선, 「「석보상절」과 「월인천강지곡」제작의 선후 관계에 대하여」, 『어문학126』, 한국어문학회, 2014.

유지영, 「조선시대 임명관련 교지의 문서형식」, 『고문서연구30』, 한국고문서학회, 2007.

이근호, 「영조 어제훈서류의 현황과 가치」, 『장서각41』, 한국학중앙연구원, 2019.

이완우, 「장서각소장 한글자료의 필사시기」, 『한글, 소통과 배려의 문자』, 한국학중앙연구원 출판부, 2016.

이정자, 「한글서예의 서사기법연구」, 동방대학원대학교 박사학위논문, 2017.

이지영, 「천의소감언해의 이본에 대한 고찰」, 『정신문화연구33』, 한국학중앙연구원, 2010.

이호권, 「「월인석보」 권두 부속문자의 서지」, 『민족문화논총48』, 영남대학교 민족문화연구소, 2011.

이호순, 「두시언해의 언해사적 가치」, 『동악어문학15』, 동악어문학회, 1981.

장을연, 「책문의 필사본에 관한 서지학적고찰」, 『서지학보32』, 한국서지학회, 2009.

장지훈, 「한글서예의 미학-서체미를 중심으로」, 『서예학연구34』, 2019.

전성운, 「장편국문소설의 변모와 영웅소설의 형성」, 고려대학교 박사학위논문, 2000.

정병설, 「혜빈궁일기와 궁궐 여성 처소의 일상」, 『규장각50』, 규장각, 2017.

정명기, 「세책 필사본 고소설에 대한 서설적 이해」, 『고소설연구12』, 한국고소설학회, 2001.

정우영, 「「월인천강지곡」의 국어사적 가치와 문헌적 성격에 대한 재조명」, 『장서각32』, 한국학중앙연구원,

2014.

정우영, 「「훈민정음」 언해본의 성립과 재구」, 「국어국문학139」, 2005.

정복동, 「16-17세기 한글편지의 서체적 특징-여성 한글편지의 중심축 변천에 대한 사상사적 고찰을 중심으로-」, 「동양예술16」, 한국동양예술학회, 2011.

정복동, 「「숙명신한첩」의 한글 서예적 가치-국립청주박물관 소장 한글 편지를 대상으로」, 「숙명신한첩」, 국립청주박물관, 2011.

정승혜, 「조선왕실의 출산 지침서 「림산예지법」에 대하여」, 「장서각소장 한글필사자료 연구」, 태학사, 2007.

천명희, 「새로 발견된 광흥사 「월인석보」 권21의 서지書誌와 특성」, 「국어학연구24」, 한국국학진흥원, 2014.

최영희, 「「뎡미가례시일긔」의 서예미학적 연구」, 성균관대학교박사학위논문, 2010.

최영희, 「조선시대 한글 필사본 뎡니의궤 서체의 특징 연구」, 「서예학연구23」, 2013.

한소윤, 「한글 궁체의 변모 양상에 관한 연구」, 원광대학교 박사학위논문, 2013.

한소윤, 「조선시대 왕후들의 언간서체 특징」, 「한국사상과문화69」, 한국사상학회, 2013.

황문환, 안승준, 「「정미가례시일기」의 서지적 고찰」, 「장서각19」, 한국학중앙연구원, 2008.

허경무, 김인택, 「조선시대 한글서체의 유형과 명칭」, 「한글275」, 한글학회, 2007.

홍윤표, 「천의소감언해 해제」, 「천의소감언해」, 홍문각, 1983.

**조선시대
한글 글꼴의 형성과 변천**

1판 1쇄 발행 | 2020년 5월 14일

저자　　　 | 이규복

펴낸이　　 | 고봉석
기획　　　 | 윤희경
편집디자인 | 이진이
펴낸곳　　 | 이서원

주소　　　 | 경기도 성남시 분당구 중앙공원로20길 428-2503
전화　　　 | 02-3444-9522
팩스　　　 | 02-6499-1025
전자우편　 | books2030@naver.com
출판등록　 | 2006년 6월 2일 제22-2935호

ISBN　　　 | 979-11-89174-21-7 (93710)

이 도서의 국립중앙도서관 출판예정도서목록(CIP)은 서지정보유통지원시스템 홈페이지(http://seoji.nl.go.kr)와 국가자료종합목록
구축시스템(http://kolis-net.nl.go.kr)에서 이용하실 수 있습니다.
(CIP제어번호 : CIP2020018509)